AF390836

LES MUSES EN BELLE HUMEUR.

OU

CHANSONS

ET

AUTRES POESIES JOYEUSES,

VILLE FRANCHE.
MDCCXLII.

TABLE
DES
CHANSONS.

A

D

He-

Je

Mai-

Parmi

P

Q

Quand

Reveil-

R

S

T

Tircis

V

Une

Un

E R R A T A.

Page	Ligne	
9	12	*lizez,* rabatus
6	22	ne f---it il pas Agazon ?
13	12	mieux
15	12	d'un Chanoine
17	4	Bachus
19	6	une Novice
28	9	Dentelle
30	17	Mince
56	7	Et du
84	6	Préte moi
90	19	Biberon
114	21	Ouverture
120	4	Qui
123	1	deſſous
128	3	pourit
152	10	par
153	4	Du pêchè de luxure mon Couſin. Voilà mon Couſin---&c.
ibid.	10	Il connoît la nature mon Couſin
208	17	Paradis
209	11	baiſer
256	2	que je vis
248	2	Oh!

RECUEIL

DE

CHANSONS CHOISIES.

CHANSON.

I.

Malgrè la Battaille
Qu'on donne demain,
Và faisons ripaille

Charmante Catin,
Attendant la Gloire
Prenons les plaisirs
Sans lire au Grimoire
Du sombre avenir.

II.

Gourmant tes Compagnes
Meprisant leurs voeux,

A   J'ai

J'ai fait deux Campagnes
Roti de tes feux,
Digne de la Pomme
Tu reçus ma foi,
Et jamais rogome,
Ne fut bu fans toi.

. III.

Si la Hallebarde
Je puis meriter,
Près du Corps de Garde
Je t'irai planter,
Ayant la Dentelle ;
Le Soulier brodé,
La Boucle à l'Oreille,
Le Chignon cardé.

IV.

Tien ferre ma pipe,
Garde mon briquet,
Car fi ta Tulipe
Fait le noir trajet,
Que tu fois la feule
Dans le Regiment,
Qui aiet le brulegueule
De ton cher Amant.

Ha!

V.

Ha ! retiens tes larmes
Calme ton chagrin
Au nom de tes charmes
Acheve ton vin.
Mais quoi ! de nos bandes,
J'entends les Tambours,
Gloire tu commandes,
Adieu mes amours.

CHANSON.

F‑‑ez, f‑‑ez, f‑‑ez, f‑‑uë Jeuneſſe,
   F‑‑ez Enfans perdus,
F‑‑ez les C‑‑s de vos f‑‑ës Maîtreſſes,
A C‑‑‑ ons rebâtus ?
Et s'il y a quelqu'un de vous qui gronde,
F‑‑ez tout le Monde, vous,
F‑‑ex tout le Monde.

II.

Quand on me fit, il m'en fouvient encore,
Papa baiſoit Mamà
Et lui diſoit, mon cœur je vous adore,
Mamà diſoit, ah ! ah !

Et

Et moi qui fuis l'exemple de ma mere,
Morguè je veus faire, moi,
Morguè je veus faire.

CHANSON.

DE f- -re ce feroit mortel.
Mais fi vous f - -ez au Bordel,
Un Chancre , auffi-tôt un Ulcére.
Branler le V - -t, & f - -re en C - -l,
C'eft autant de f - -re perdu,
Comment faire.

II.

J'ai deux Amans que j'aime bien,
L'un François, l'autre Italien,
Je voudrois bien les fatisfaire,
Le François le voudroit frizé,
L'Italien le veut razé
Comment faire.

III.

Un Cordelier du grand Convent,
Veut me le mettre par-devant,
Un Loyolite par derriere ;
Si je contente tous leurs feux

Ils

Ils ne fairont qu'un trou des deux.
Comment faire.

Pieces du Sieur R . . . .

L'On voit dans ces lieux la motte d'Agrip-
    Le C - - - de Meffaline,   lpine,
Le Croupion d'Antinoüs,
Les Couillons de Brutus,
Le V - - t de Ciceron,
Le Prepuce du vieux Cenfeur Caton,
Le trou du Cul de Neron,
Le Clytoris de Julie,
Du poil du C - - de Clelie,
Et l'anus de Berenice Putain de Titus,
Les feffes du fameux Coriolan,
Du f - - -re de Trajan,
Le Godemichi de Lucrece,
Et l'Entrefeffon de Sejan.

II.

Orefte f - - -oit fon cher amis Pilade,
Socrate Alcibiade ;
Captula de Lepforus,
Pradate Sixicus,

Les

Les plus grands des Romains,
Des Grecs, & des Affricains,
N'en - - -oient que des Blondins.
Le C - - dedans Cartage
Fut traité de gargottage.

III.

Afdrubal
Ne f - -it pas le grand Annibal,
Attula baifa toujours Anacreon,
Et pour le blanc Giton,
On faifoit la Lubrique, & rage,
Dedans Pidol, qui dans Efcolpion,
Amis reglons nous fur ces grand Perfonnages,
La gloire de leur âge.
Qui preferoient au C - - -
Le C - - -l d'un beau Garçon,
Neron aima Porus,
Le Roi Henri époufa Quilus,
Et Galba f - - -it Jallas,
Cefar fut d'un V - - -t roide
Enfilé par Nicomede,

IV.

Et Platon
Ne f - - -it pas Agazon ;

Qu'A-

Qu'Alexandre brûloit pour Epheſtion !
Et quand le grand Ammon
Eut goûté de Ganimede,
Il ne f- - -oit qu'en C- -l Junon.

CHANSON.

L' Autre jour dans une Vigne
Je trouvai la fille à Germain,
Qui dormoit deſſus des Broutilles,
Moi qui ſuis bon Drille,
Je pris mon Engin
Droit comme une quille,
Le mis dans ſon C- - -in.

II.

Pendant cet aimable exercice
Prêt à goûter ce doux moment,
La belle comme une Ecreviſſe
Allongeant ſes cuiſſes,
Dit en ſe pâmant,
Je ſens qu'il ſe gliſſe,
Pouſſe plus avant.

CHAN-

CHANSON.

LE joli jeu d'Amour,
N'a pas befoin de jour,
J'aime bien mieux la nuit
Quand j'y fonge - - - *fin.*

 Tête-à-tête on rit
 On fe foure dans un lit,
 On fe racourcit,
 On s'alonge.

Le joli jeu d'amour - - - *jufqu'à fin.*

II.

La petite Manon
M'en a fait la leçon,
Mais Elle étoit au lit
Trop adroite, - - - - *fin.*

 Je me tremouffois
 Dans la place que j'avois,
 Mais je la trouvois
 Trop étroite.

La petite Manon, &c.

Nous

Nous ne folatrons plus

Manon m'a fait refus,

Elle prétend finir

Ce beau branle,

    J'ai beau m'affermir

    me refoudre à la haïr,

    La vois-je venir

    Je m'ébranle.

Nous ne folâtrons plus, &c.

IV.

Le Don de nôtre Cœur.

Fait tout notre bonheur,

Faut-il que nos amans

En profitent ;

    Nous defendons nous ?

    Ils ont des tranfports jaloux

    Leur accordons nous ?

    Ils nous quitent.

Le Don de nôtre Cœur, &c.

V.

Tout en Elle eft mignon

De la tête au talon,

Je me trouvois alors

B

Dans

Dans mon centre.

> J'y étois heureux
> J'en revenois Amoureux,
> Permertez grands D - - -

> Que j'y rentre,

Tout en elle eft mignon, &c.

CHANSON.

Sur l'Air, de Joconde.

AU tems que les glands aux humains
   Servoient de nouriture,
On ne voyoit que de C - - ins
   Par ignorance pure ;
Mais l'homme devenu plus fin,
   En renverfant le monde
Pour f - - re le jeune Blondin
   Quità bien-tôt la Blonde.

II.

Alexandre dont le renom
   Mit la Grece en alarmes,
Au trou du C - - d'Epheftion.
   Sçut trouver mille charmes ;

Cefar

Cefar le plus grand des Guerriers,
  Qui ait jamais produit Rome,
La tête ceinte de Lauriers
  F - - oit fort bien fon homme.

III.

Orefte a mis le V - - t au C - - l
  De fon amis Pilade ;
Le fage Socrate a f - - u
  Le jeune Alcibiades,
On preferoit dans les maifons
Des Heliogabales,
Les feffes des Valets, aux C - - s
  Des plus belles Veftales.

IV.

Les heros, & les conquerans
  Ont tous été culiftes,
De ce goût furent les pedants
  Les fages, les artiftes ;
A prefent dans tous les païs
  La mode s'en pratique ;
Si bien qu'au Gitons les laïs
  Ont cedé la boutique.

V.

Les Jesuites gens de goût fin,
    Et qui ne font pas dupes,
Portant plus volontier la main
    Auz culottes gu'aux jupes,
Prouvant par la droite raison,
    Et par faine doctrine
Que le C - - l plus êtroit qu'un C - -,
    Chatouille mieux la pine.

VI.

Bardaches jouvenceaux dodus
    Beaux mignons de Sodome,
Soyez-ici le bien venus
    Comme au milieu de Rome ;
Et vous Bougreffes de Putains
    Dont les C - -s nous degoutent,
Allez chez les Americains
    Chercher gens qui vous f - - ent.

VII.

Aux dez je perd tout mon argent,
    Aux autres jeux de même,
Mon Iris est depuis long-tems
    D'une rigueur extrême ;

Fume-

Fume-je la bouche me cuit
   Quand je bois je m'enivre,
Si je f - - s je prens mal mal au V - -t
   Comment faut-il donc Vivre.

VIII.

Jeanne, & Jean difputoient tous deux
   De leur vigueur extrême ;
Jean dit, je fuis plus vigoureux,
   Jeanne dit, c'eft moi-même,
Leurs procés fut trouvé fort beau,
   On fit une Affemblée,
Qui decidà que le foureau
   Valoit miex que l'Epée.

IX.

Le Debat de Jeanne, & de Jean
   Semble affe raifonable,
Mais on rendit un jugemment
   Tout á fait équitable ;
Qui le blameroit de nos jours
   Ne feroit qu'une bête,
Car Jean ne le peut pas toujours,
   Et Jeanne & toujours prête.

Le

X.

Le gros Guillot d'amour épris,
    Epousa Guillemette
De la Ville de St. Denis,
    Où la Nôce fut faite ;
En lui mettant il fit un cri
    Disant quelle Ouverture !
Aprends, lui dit elle, qu'ici
    * L'on a grande Mesure.

Autre, *même Air.*

Un jour le C - - avec le V - - t
    Se prirent de parole,
Tant que le C - - en feu, lui dit,
    Aproche f - - ù Drôle,
Le V - - t qui n'est point endurant
    Prit le C - - par la motte,
Et pour finir le different
    S'en fit une Calotte.

EPI-

* *La mesure du Vin à St. Denis,*
  Est plus grande qu'à Paris.

EPIGRAMMES.

Les So - - d - - - tes.

Lorsque les Celestes Blondins
Aux S - - d - - - tes aparurent,
Deux de ces bandits Citadins
Aussi-tôt après eux coururent,
De quoi les Anges étourdis,
Au Ciel promptement s'envolerent,
Mais les infames ébaudits,
A leurs dos si bien se colerent,
Qu'en dechargeant ils s'écrierent,
Ah ! nous sommes en P - - is.

Autre.

Pendant les chaleurs de l'Eté,
La Gouvernante d'une Chanoine,
Par certain Air de propreté,
Se le tondit plus ras qu'un moine,
Or l'Abbé l'ayant apperçû
Qui te l'a donc, dit-it, tondu ?
Babet qui t'a fait la sotisse ?

C'est

C'est moi Monsieur qui l'a razé,
Puisqu'il vit du bien de l'Eglise,
Il faut bien qu'il soit tonsuré.

Autre.

Certain Abbé se manualisoit
Tous les matins songeant à sa voisine,
Son Confesseur l'interrogeant disoit,
Vêrtu de froc ! c'est donc beauté divine ?
Ah ! dit l'Abbé, plus gente Cherubine
Ne se vit onc, c'est miracle d'amour,
Blancheur de lys, cuisses faites autour
Tetins, Dieux fait ! & croupe de Chanoine
Toujours j'y pense, & même encore ici
Je fais le cas ; par dieu, ce dit le moine,
Je le crois bien, car je le fais aussi.

Autre.

Quand Promethée eut les hommes formé,
Je veux, dit-il, vous rendrez aux Dieux pareills
Parquoi ferez tels que Priape armez
De Braquemards entre les deux orteills,
Si les forgea tous beaux, & bien vermeills
Les uns petits, & les autres plus grands,

Selon

Selon la taille, & les corps different ;
Mais fur le point que chaque carabine,
S'alloit pofer fur chaque parapet,
Survint Bacus dont la liqueur mutine
De Promethée êchauffà le toupet,
Mais à la fin le bon fils de Japet
Tout de travers achevà la befogne,
Et de là vint comme c'eft grande vergogne,
Qu'aux corps humains tant foient ils aparens
Harnois d'amour furent mal affortis
Ayant donné les plus petits aux grands,
Et les plus grands à nous autres petits.

Autre.

D'un jeune Gars de fraïeur tout pantois
Pere Remy confeffoit le pêché,
Pere, dit-il, j'ai forniqué fix fois,
Six fois ! oh ! oh ! quel garçon debauché !
Enfuite ayant fon tarif épluché,
Pour un rofaire abfous il le quita.
Vint un fecond qui de neuf fe vantà
Sa taxe fut de rofaire & demi ;
Mais le dernier troubla Pere Remi,
Car onze fois il avoit fait le cas ;

C

Onze

Onze parbieu ! mon compte n'y vient pas
Ce nombre n'eſt dans mes Capitulaires,
Lors le Frater calculant par ſes doigts.
Morbieu, dit-il, voilà bien de miſtéres,
Allez le faire encore une autre fois,
Et pour le tout vous direz deux roſaires.

Autre.

Une Barnabite exploitoit ſœur Colete,
Mal à ſon aiſe au travers d'un parloir
Ah ! quel travail ! lui diſoit la Nonnette,
Bien mieux au lit fairions un tel devoir,
Ma chere ſœur repondit le moin noir,
Une telle penſée vien de l'eſprit immonde
Dieu ne nous fit pour nos aiſes avoir
En ce bas lieu comme les gens du monde.

Autre.

D'un Monaſtere à Venus conſacré,
L'Abbeſſe étoit prête de rendre l'ame ;
Un vieux Dragon de debauche alteré
Vint en ce lieu pour refraîchir ſa flame,
Las je me meurs, lui dit, la bonne Dame
Je ne ſaurois, parbieu, dit le ſoudart,

Voilà

Voilà de l'or, envoyez quelque part,
Mais avifez au moins que la donzelle
Ne m'aille ici donner de mauvais fruits.
Ah ! croyez-vous que je veuille, dit Elle,
Tromper quelqun en l'état où je fuis ?

Autre.

Un Novice accufoit un Curé
A fon Prelat d'avoir cueilli fa rofe,
Avez-vous-là, lui dit, l'homme Sacré
Quelque temoin qui contre lui depofe
Las Monfeigneur la cellule étoit clofe,
Et ne voulus crier tant j'avois peur
De reveiller Madame qui repofe
Toutes les nuits avec le Promoteur.

Autre.

Aux pieds d'un moine à barbe venerable,
Un Cavalier contoit fes paffe tems,
Le jour bon vin, grande chere, longue table
La nuit tendrons, où Veuves de vingt ans ;
Le Reverend levant de tems en tems,
Les yeux au Ciel, difoit, Vierge Marie !
Quel chien de train ! Quelle chienne de vie ?

C 2   Las

Las j'en conviens, & ne fuis en ce lieu,
Pour m'excufer refpond le bon Apôtre ;
Eh ! ce n'eft pas la tienne de par Dieu,
Dit le Pater, je parle de la nôtre.

Autre.

Certains Houffars ufant du droit de guerre
Chex un Meunier entrerent fans pitié,
Puis à fes yeux levant leurs Cimitere,
Mirent à mal la dolente moitié ;
Pour tant la fote en forme d'amitié
Du croupion remuoit la charniere,
Lors le mari, lui dit, ah ! Boucaniere,
Je fuis cocu, tu prens plaifir au cas,
Helas ! mon fils, lui repond la Meuniere,
C'eft pour fortir plus vite d'embarras.

Autre.

Un Quietifte ardent comme un tifon,
Mettant au foir fon Rofignol en cage,
Le corp en rut, l'efprit en oraifon
Très-faintement depêchoit fon ouvrage,
Et redoublant maint devot culetage,

Le

Le Cœur au Ciel fans relâche attaché,
Dieu foit--, Dieu foit--, dit le faint Perfonage,
Dieu foit loué je l'ai fait fans peché.

Autre.

Deux Bernardins de diverfes Provinces,
De leurs Convents faifoient defcription,
Chez nous, dit l'un, moines vivent en Princes
Cave, & cuifine ont à difcretion,
Item Nonains avec permiffion
De s'en fervir quatre fois la journée,
Quatre parbieu, c'eft pitance bornée,
Dit l'autre moine, on nous le permet huit
Cinq le matin, & trois l'après dinée
Et fi j'enrage encore toute la nuit.

Autre.

Diantre foit fait, difoit un paffager,
Et de la ville, & des Dames de Rome,
Chez la donzelle on poivre l'etranger,
Chez la Matrone un mari vous affomme ;
Et chez qui diable ira donc un pauvre homme
Chez les Garçon ? Amis vous dites bien,
Reprit d'abord un Prêtre Italien

Et

Et n'aurions tous rien de meilleur à faire
Si ce n'étoit la Bulle d'Adrien,
Qui par malheur ordonne le contraire.

Autre.

En plein chapitre un moine à son retour
Compte rendoit des fraix de son voyage,
Tant pour le coche, & tant pour le séjour,
Tant pour le lit, & tant pour autre usage ;
Puis quand ce vint au fraix du culetage,
Le Papelard mit vint livres tournois,
Lors le Prieur lui dit par St. François,
C'est trop payé, trop payé ? dit le drole,
Je l'ai tant fait, morbieu, que chaque fois
Ne coute pas au Convent une obole.

Autre.

Un Vert galant se confessoit n'a guere,
D'avoir reduit maintes filles aux abois ;
Et des Garçons ? dit le moine. ah ! mon Pere,
Je ne suis homme à semblables exploits,
Tant mieux mon fils poursuis, Si tu me crois,
Dit le Frater, je te loüe, & pour cause,

Car

Car fi ce mal t'arrivoit une fois
Plus ne voudrois jamais faire autre chofe.

Autre.

Un Cavalier de Landau revenu,
Très-mal en point chopinoit chez un Carme,
En chopinant vit fur fon bras charnu,
Toile de lin dont la beauté le charme ;
Par-là morbieu, s'écria le Gendarme,
Onc Tifferand ne fut avec telle art,
Filer chemife; ami dit le Frapart,
Trouffant fa robe, il n'eft que d'être habile,
Vois tu bien là Meffire Jean Chouart,
C'eft la quenoüille avec quoi je les file.

Autre.

Un Precepteur logé chez un Genois,
Tant procedà que de fil en aiguille,
Il exploità la Niece du Bourgeois,
Et le difciple, & la Mere, & la Fille;
Le cas fit bruit, & le chef de famille,
Homme prudent tirà mon drôle à part.
Ca, ça, dit il, venez frere Frapart,
Sur nôtre peau confommer vos ouvrages,

C'eft

C'eſt bien raiſon que j'en prenne ma part
Puiſque c'eſt moi qui vous donne des gages.

Autre.

Le Penitent d'un diſciple d'Elie,
Lui raçontoit qu'en un lieu debauché
Il avoit pris de fillette jolie
Le fruit cuiſſant de l'amoureux peché ;
Le Carme dit, je n'en ſuis trop fâché
Aux indevots ſied bien un tel ſalaire,
Ia de venin ne ſeriez Antiché
Si comme nous portiez le ſcapulaire.

Autre.

Un Medecin s'accuſoit d'avoir fait,
De ſa Venus un charmant Ganimede ;
Le Confeſſeur lui dit, ah ! Bouc infeƈt,
Tiſon d'Enfer quel Demon te poſſede ?
Pourquoi trouvant un innocent remede
Contre la chair te damner pour ſi peu ?
L'autre repond qu'il a lû que ce jeu,
Rend l'œil plus clair, les viſieres plus nettes,
Eh ! gros butor reprit le moine en feu
S'il étoit vrai porterois-je Lunettes.

Au-

Autre.

Frere Conrard hermite plein de fuc,
Trouvant au lit une Dame difcrete,
Lui fit tourner l'Anagramme de luc,
Et de droit fil s'ouvrit la voîe étroite ;
Que faites vous ? s'écria la Levrette,
Ce n'eft pas là c'eft plus bas vous difon,
Laiffez, laiffez, dit l'humble Anachorete,
Ceci pour moi n'eft encore que trop bon.

Autre.

Un Penitent fe confeffoit de faire
Cettui pêché qu'on fait de là les monts,
O le mechant, s'écria le bon Pere,
Crains tu fi peu l'Enfer & les Demons ?
Pere, dit-il, tant beaux foient vos fermons
Romain je fuis c'eft nôtre petite oye ;
Mais, dit le Moine, amis prend l'autre voye,
Et mets au moins les chofes en leur lieu,
Il le promit ; le Pere dit mon joye
Alleluia, j'acquiers une ame à Dieu.

D.

Autre.

Un vieux Paillard qu'à Rome on accusoit,
De pratiquer l'amour Antiphysique,
Vit à Paris un Prêtre qu'on cuisoit
Pour même cas dans la place publique,
Helas ! dit-il, le pauvre Catholique
Que n'est-il nè Romain, ou Ferrarois,
Pour un écu la taxe Apostolique,
L'auroit absous du moins quatre ou cinq fois.

Autre.

Un gros Prieur de luxure escumant,
Sur un Chalit piquoit sa haridelle,
Et s'échaufoit jurant, & blasphemant
Comme un Païen, tant qu'enfin la Donzelle,
Pour Dieu mon fils ne jurez point, dit Elle,
Vous vous damnez. Cornes de Belzebut,
Dit le Paillard, vous me la baillez belle,
Suis-je en ce lieu pour faire mon salut ?

Antre.

Une Nonain par un Moine requise
Du jeu d'amour, lui dit, Pere Cordon

Si

Si me faut-il d'abord peur de surprise,
Par la chatiere auner vôtre bourdon ;
Venez ce soir à l'heure du pardon,
L'autre n'étant sur de son allumelle,
Le soir venu, fait à la juvencelle
Au lieu de lui, tâter son compagnon,
Neni, Neni, je me connois, dit Elle,
C'est de par Dieu celui de Frere Oignon.

Autre.

Un Moine ayant, c'étoit un souprieur,
D'une Nonain verifié le sexe
Las d'encencer le Temple enterieur,
Voulut aussi visiter son annexe ;
O vanité ! dit la Nonne perplexe,
Qu'en son état l'homme se connoit mal
Que vers le bien sa route, est circonflexe ;
Un souprieur trancher du Cardinal !

Autre.

Un Compagnon disoit sa ratelée
A certain Carme s'accusant devant Dieu
D'avoir donné trente fois l'accolée,
A son amie, en même jour, & lieu ;

Le

Le Moine dit, trente fois ! vertu bieu !
Oui, dit le gars, par la vertu secrete
D'une racine. Ami, dit le Billete,
A tous Pecheurs Dieu fait remission ;
Or donne moi ta joïeuse recette,
Je te promet mon absolution.

Autre.

A deux genoux une gente Pucelle
Se confessoit aux pieds d'un Cordelier.
Et lui montroit à travers sa dente le
L'Echantillon d'un tetin regulier ;
Lors de la chair le Demon familier
Se fit sentir, parquoi l'homme d'Eglise
Lui mit ès mains son joyeux eguillon :
Oh ! qu'est ceci ? dit la Fille surprise,
Prenez, prenez, lui dit le Pennaillon
C'est le Cordon de St. François d'Assise.

Autre.

Qui fait l'enfant dans l'amoureux combat,
Disoit agnes à sa Dame prudente,
Est-ce celui qui sous l'autre s'abat,
Ou bien l'agent qui dessus instrumente ?

La

La Dame alors, lui dit, pauvre innocente
L'Enfant fe fait par ceux qui font deffous,
Dieu foit beni, s'écria la fuivante,
J'en ai fait un à Monfieur vôtre Epoux.

Autre.

Un Cordelier prêchoit fur l'adultere,
Et s'échaufoit, le moine en fon harnois,
A demontrer par maint beau Comentaire
Que ce pêché bleffoit toutes les loix ;
Oui mes Enfans, dit-il, hauffant la voix,
J'aimerois mieux pour le bien de mon ame,
Avoir à faire à dix filles par mois,
Que de toucher en dix ans une femme.

Autre.

Certain Chanoine à la taille legere,
Se confeffoit d'avoir fçû bricoler
Une Nonain ; paffon, lui dit le Pere,
C'eft du Seigneur la vigne travailler,
Plus un Veuve, allons c'eft confoler,
Les affligez, Oui mais, dit le Chanoine,
Ce n'eft le tout ; comment ! par St. Antoine,
Pourfuivit-il j'ai fourbi contre un mur,

Qui

Qui ? votre fœur, ma fœur ! reprit le moine,
Et moi ta mere adieu *Remittuntur*.

Autre.

Un Maître moine exploitoit une fœur
Pendant la nuit comme on difoit matines ;
Mere Chriftine en s'en allant au coëur
Les aperçut avec fœur Clementine,
Dont celle-ci faifant la Diablotine
Voulut crier, & fonner le tocfain,
Laiffez, laiffez lui dit mere Chriftine,
Ne troublez pas le fervice divin,

Antre.

Un jeune Peintre étant dans une Eglife,
A contempler certains tableaux connus,
Dit je voudrois pour plus de mignardife,
Feminifer un peu ces anges nuds ;
Lors une vieille achevant fes agnus,
Lui repliquà, tais toi Jean de Nivelle,
Vois tu pas bien que fi minee allumelle
Ne peut jamais nous faire fuccomber ?
Mais vertu choux les joyaux de femelle
Plus font petits plus nous font regimber.

CHAN-

C H A N S O N.

Sur l'Air des Folies d'Espagne,

CE qui tentà nôtre premiere Mere
Ce ne fut Poire, ni Pomme, ni fruit,
Et le Serpent n'auroit pas sçu lui plaire,
S'il n'eut paru sous la forme d'un V - - t.

II.

Jacob servit long-tems sous son beaupere,
Mais croyez-vous qu'il aiet eté si bon
D'être tout près de Rachel sa Commere,
Sans oser lui mettre le V - - t au C - - ?

III.

Le Roi doué du don de prophetie
N'en a pas moins aimé le cotillon,
Il n'eut point fait assassiner Urie,
De Bersabée s'il n'eut point vû le C - - .

IV.

Jamais Samson quoique tête rasée
Aux Philistins n'auroit eté conduit,
Pour moi je crois que sa Putain gagnée
Ne lui coupa chose autre que le V - - t.

Du

V.

Mydas épris de Junon, de Diane,
Dans ſes amours jamais ne reüſſit,
C'eſt qu'il n'avoit que des oreilles d'âne,
On l'eut aimé s'il en eut eu le V - - t.

VI.

Du tems d'Aſtrée au bout de douze tomes,
Un pieux amant ne baiſoit qu'au menton,
Mais aujourd'hui bien plus prompts ſont les
[hommes
Au bout d'un jour on prend ſa belle au C - -,

VII.

Dans les boſquets de l'Iſle de Cythere,
On fait voir aux Catins aux Iris,
Que ce n'eſt pas pour piſſer de l'eau claire
Que Dieu pendit des coüilles à nos V - - ts.

CHANSON.
Sur l'Air des Feuillantines.

L Oth voyant ſa ville en feu
D'un haut lieu,
But, & coucha grace à Dieu
Avec ſa Progeniture,

Oh !

Oh! oh! oh. Vertu bieu !
Quel onguent pour la brûlure.

II.

Dans un amoureux deſſin
Vôtre main,
Doit toujours aller au ſein ;
Puis après il faut deſcendre
C'eſt le con-- c'eſt le conſeil qu'il faut prendre.

III.

Ma foi je trouve un repas
ſans apas,
Diſoit Nanette à Colas ;
Si je n'y trouve ſans faute,
Un bon vi-- un bon viſage d'un hôte.

IV.

Je ne demande au Seigneur
Pour bonheur,
Que d'être Buveur, fo - - -r
Incredule, & Sodomite
Bien dormir
Puis mourir
De mort ſubite.

E

CHAN-

C H A N S O N.

Air de tous les Capucins.

IL étoit donc pis qu'un Athée,
Ce Loth de vertu si vantée,
Il avoit donc le Diable au corps ;
Quoi pendant que son païs grille ?
Qu'il s'amuse à f - - e sa fille.

II.

Suzanne, nous dit l'Ecriture,
Surmontant sagement nature,
Renvoya deux vieillards confus ;
Pour moi je crois que sa sagesse
Eut moins de part à ses refus
Que n'en eut sa delicatesse.

III.

Aimable bien faite, & doduë
Sans doute qu'Elle étoit foutuë
Soir, & matin par son Epoux ;
Deux amans à face ridée
Ne pouvoient gueres, entre nous,
Que seduire quelque edentée.

Qu'un

IV.

Qu'un blanc Pigeon à tire d'aîle
Vienne obombrer une Pucelle,
Rien n'eſt ſurprenant en celà ;
On en voit autant en Phrigie,
Et le beau Cigne de Leda
Vaut bien le Pigeon de Marie.

V.

Je ne porte Turban ni chape,
Je ne crois ni Mufti ni Pape
Prier Dieu c'eſt faire le ſot,
Et de pialer en l'autre vie,
Domine Deus Sabaoth
Il n'eſt Bougre qui ne s'ennuïe.

VI.

Dieu me faſſe toujours la grace
D'avoir de bon vin à la glace,
Des jeunes C — -s & des Perdrix
Je veux avoir les etrivieres,
Si jamais pour ſon Paaradis
Je l'importune de prieres.

Puiſque

VII.

Puifque on nous prêche qu'en fa gloire
On ne fauroit f - - e ni boire,
Je m'en verrois tout confterné
C'eft un vrai metier de viedaze,
J'aimerois mieux être damné,
Que d'être toujours en extaze.

VIII.

Toujours mon Gouverneur me prie
De hanter bon compagnie,
Et d'eviter les Libertins ;
Il me chante toujours mifere,
Je ne f - - s que des Capucins,
Puis-je donc mieux le fatisfaire.

IX.

Il eft vrai que leurs barbes fales,
Leurs Capuchons, & leurs Sandales,
Et leurs Entrefeffons velez ;
Ne me donnent gueres d'envie,
Mais quand il s'agit du falut
Faut-il pas qu'on fe mortifie ?

CHAN-

C H A N S O N.

S Alomon qui connut
La divive lumiere,
Negligea fon falut
Pour le plaifir de faire
   L'amour,
La nuit, & le jour. *fin.*

II.

Quand Magdeleine en pleurs
Au Seigneur voulut plaire,
Cette Reine des coëurs
Etoit laffe de faire
  L'amour, &c. *jufqu'à fin.*

III.

Imitons d'Auguftin,
Le retour falutaire
Quand il changea de train,
Il ne pouvoit plus faire
   L'amour, &c.

CHAN-

CHANSON, en Dialogue.

Air, un frere Celeſtin paſſant par la Cuiſine.

Le Moine,

P'Ere chaque matin
Sur mon nombril ſe leve
Certain Serpent malin
Qui tenta jadis Eve.

Le Pere,

Fou - - - ez
Frere pinnez,

La Novice,

Très-volontier (*bis*) mon Pere.

Le Prieur,

Ca depechons
Vite des C - - - s,
Qu'on donne à f - - re au frere.

CHANSON.

Air, Mr. *le* Prevôt *de Marchand.*

D'Un V --t d'un C--, & de deux coëurs,
Naît un accord plein de douceurs
Que les devots blament ſans cauſe,

Ama-

Amarillis fongez y bien
Sans aimer f - - re eft peu de chofe,
Aimer fans f - - re ce n'eft rien.

Autre, *même Air.*

Monfieur le Prevôt des Marchands
Ma foi vous vous f - - ez des gens,
Vos depenfes font fuperfluës
Vous faites abbâtir les maifons,
Vous faites élargir les ruës
Que n'etreciffez vous les C - - s.

Reponfe du Prevôt, *même Air.*

Meffieurs ce retreciffement,
Ne me regarde aucunement,
Ce n'eft la fanction de ma charge,
Vous êtes des plaifants marauds
Si vous trouvex les C - - trop larges
Que n'avez vous les V - - ts plus gros.

CHANSON.
Air, pour paffer doucement la vie.

PRefto, mari de Guillemette,
Vit d'un menage peu commun,

Il fait deux Coups d'un allumette
Et d'une pinte il n'en fait qu'un.

II.

Je voudrois charmante Nanette
Voyant ton sein si rondelet,
joüer deffus de l'Epinette,
Et au deffous du Flageolet.

III.

Je vous aime charmante blonde,
Je ne puis plus vous le celer,
Vous ètes la Perle du monde
Que je voudrois bien enfiler.

IV.

Quand une Fille à la jauniffe
Croyez pour remede certain,
Qu'il faut lui mettre entre les cuiffes,
La racine du genre humain.

V.

Les Couffins que l'on porte aux meffes,
Pour mettre deffous vos genoux,
Seroient bien mieux deffous vos feffes,
Ducheffes, lorfque l'on vous f - - t.

Lorf-

VI.

Lorfque je de mande à Therefe
Quand on veut prendre fes ebats,
Si c'eft aux tétons que l'on baife,
Non, non, dit Elle, c'eft plus bas.

VII.

Mais un amant que l'amour preffe
Peut il fe tirer d'embarras,
Si jufqu'au nombril il s'adreffe,
Non, non, dit Elle, c'eft plus bas,

VIII.

Therefe fais moi donc comprendre
Quel eft le veritable lieu,
Eft-ce aux cuiffes qu'il faut fe prendre ?
Non, non, dit Elle, c'eft au milieu.

IX.

Margot difoit en confidence
A St. Cloud, J'aime un gros marmot ;
Et moi, lui repondit Hortence,
J'aime un gros vi-vant de Chaillot.

X.

Par un trait de galanterie
Nicole m'entretient de gands,

Et comme elle eſt ma bonne amie
Moi je la fournis de rubands.

CHANSON.

Air, un inconnu pour vos charmes ſoûpire.

PRès d'un ruiſſeau la gentille Nanette,
Aſſiſe avec Tircis ſon jeune amant,
Fit la folette ſi tendrement
Que tranſporté d'ardeur en ce moment
Il lui prit ſon qu'-on devine le reſte.

II.

Lorſque Tarquin prit par force Lucrece
Savez-vous bien quel poignard il avoit ?
C'étoit un glaive rond, ferme, & droit
Qui pour le moins ſix bons pouces portoit,
Et qu'il lui mit dans le revers des feſſes.

III.

Je n'ai jamais bandé comme je bande,
Mon V --t pour vous écume de fureur,
Il vous demande par ſa roideur
Que vôtre C - - - éteigne ſon ardeur,
Ou qu'en vos mains la liqueur ſe repende.

Em-

IV.

Embraſſons nous, mon aimable Silvie,

Par cent baiſers confondons nos ſoupirs,

Suis-je te prie tous mes deſirs

Je ſens venir un torrent de plaiſirs,

Ah ! mon cher cœur je vais perdre la vie.

V.

Que dans mon C-- ton V--t verſe de flâme

Que de douceurs je goûte en ce tranſport

Vois ma chere âme ce tendre effort,

Chien tu dechargez ? ah ! f --re je me pâme.

CHANSON.

Air, Follie d'Eſpagne.

TOut Homme qui doute
   Que ſa femme ne foutte

Qu'il prenne un Charbon,

Et lui marque le C - - - ;

La marque perduë

C'eſt qu'Elle eſt f - - uë

Ce n'eſt pas ſans raiſon

Qu'il lui marque le C--.

　　　CHAN-

CHANSON.

UNe Femme fans C - - ni C - - l,
Suppofé que cela peut être,
Amis comment la f - - iez vous ?
Une femme fans C - - ni C - - l.
Tu n'en fai rien me diras tu ?
Ma foi tu n'es pas bon Maître,
Une femme fans C - -, ni C - - l
Je la f - - ois par la fénêtre.

CHANSON.

UN jour un Miniftre prêchoit
Par un trou fon V - - t paroiffoit,
Les Dames fe mirent à rire ;
Le Miniftre leur dit d'abord,
Ce grand Diable qui vous fait rire,
Puiffe bien entrer dans vos Corps.

CHANSON.
Air, Follies d'Efpagne.

OH qu'en amour un Minime eft habile !
J'en voudrois bien avoir un pour amant,

Un

Un cœur qui nâge inceſſamment dans l'huile
Prend d'abord feu, & s'éteint rarement.

CHANSON.

MA mére étoit bien obligeante,
Ma fœur l'étoit encore plus. *fin.*
Ma mére voyoit tout le monde,
Ma fœur le premier venu,
Ma mére étoit bien obligeante. *juſqu'à fin.*

II.

Dans ce tems je n'ôſois le dire
De voir ſi joli fracas, *fin.*
Ma mére ne faiſoit que rire,
Et les conduiſoit juſques en bas.
   Dans ce tems, *&c.*

III.

Comme l'aîné de ma famille,
Jugez tous de mon embarras, *fin.*
Je voyois la mére, & la fille,
Qui ſouvent ne me voyoient pas,
Demander pour leur uſtancile
Quelque choſe au gros Nicolas.
   Comme l'aîné, *&c.*

Nico-

Nicolas d'humeur facile
A toutes deux un prefent donnà *fin.*
Ma mére difoit à fa fille,
Que penfe tu de Nicolas ?
Sa maniere eft bien gentille,
Le monde ne refufe pas.
   Nicolas, *&c.*

V.

Quoi qu'il foit habillé de toile
Et qu'il paroiffe, pefant, *fin.*
Il a câché cent bagatelles,
De certains petits agrements,
Il ne refufe rien aux belles
Qui lui viennent faire compliment.
Quoi qu'il foit, *&c.*

CHANSON.

Air, que fais tu Berger dans ce beau Verger?

Fillette feulette
  Je m'en vais chantant,
Et ma quenoüillette
  Sans ceffe filant,
Mon fufeau de fille

Fait

Fait mon doigt badin,
Tandis que sans fin
Je file mon lin. *fin.*

II.

Que Zephire soupire
Au son de ma voix,
L'Oiseau qu'Elle attire
Chante dans ce bois,
La jeune fleur brille
Deſſus mon chemin,
Tandis, *&c.*   *jusqu'à fin.*

III.

Prairies bien cheries
Très-aimables lieux,
Campagnes fleuries
Vous charmez mes yeux ;
Mais d'être inutile
Mon cœur est chagrin,
Tandis, *&c.*

IV.

Ma vie qui est suivie
D'innocents plaisirs,

M'ex-

M'exempte d'envie,
   Et de vains defirs ;
Et loin de la ville
   J'en fais le chemin,
Tandis, &c.

V.

Timide je quite
   fans deffein mes pas,
Mais l'amour perfide
   Me guettoit, helas !
Raifon imbecile
   Guide bien mes pas,
Tandis, &c.

VI.

Lifette feulette
   Sortant du hameau,
Pour paître l'herbette
   Menoit fon troupeau ;
Et dans cette Ifle
   Chantoit fon deffein,
Tandis que fans fin
Je file mon lin.

CHAN-

CHANSON.

L'Autre jour un mal de coëur
Me prit près d'une Belle ;
Mais par un coup de bonheur
Je tombai de ma hauteur
Sur Elle, fur Elle, fur Elle.

CHANSON,

S Oupons nous deux, foupons nous trois,
Mon Mari fournira du bois
Je fournirai la viande, eh bien,
La piece plus friande, vous m'entendez bien.

CHANSON.

J'Ai revé toute la nuit
Que vous étiez du pain bis,
Et moi du beur fondù,
Et que je m'étendois,
Que je m'étendois ;
Et moi du beur fondù
Que je m'étendois deffus.

G

CHAN-

CHANSON.

H Elas ! pourquoi s'endormit Elle ?
La petite Jeanneton, *fin.*
Par un matin s'est levée,
La petite Jeanneton,
Elle a pris sa fourchillette
Pour aller couper des joncs.
  Helas ! &c. *jusqu'à fin.*

II.

Elle a pris sa fourchillette,
Pour aller couper des joncs ;
Et quand son fagot fut fait
S'endormit sur le gazon.
  Helas ! &c.

III.

Et quand son fagot fut fait
S'endormit sur le gazon,
Par son chemin ont passé
Trois beaux, & jolis garçons.
  Helas ; &c.

IV.

Par son chemin ont passé
Trois beaux, & jolis garçons ;

Le

Le premier la regarda
D'une affez jolie façon ;
   Helas ! *&c.*

V.

Le premier la regarda
D'un affez jolie façon, .
Le fecond fut plus hardi,
Mit la main fous le manton,
   Helas ! *&c.*

VI.

Le fecond fut plus hardi
Mit la main fous le manton ;
Ce que fit le troifiéme
N'eft pas mis dans la chanfon,
   Helas ! *&c.*

VII.

Ce que fit le troifiéme
N'eft pas mis dans la chanfon ;
C'eft à vous Medemoifelles
A deviner la raifon.
   Helas ! *&c.*

G 2

CHAN-

CHANSON.

DAns nôtre Village il y a un Berger,
Dont le badinage fait nous engager ;
Il prend toutes ces jeunes fillettes,
Tendremment se jette à leurs cols ;
Et puis tout d'un Coup
Il vous les roulet sur l'herbette ;
Et puis tout d'un coup
Par ma foi je crois qu'il les fout,
Par ma foi je crois qu'il est fols.

CHANSON.

JE veux garder ma liberté,
Je veux rester fillette
Il n'est point de si joli nom
Que celui de Nanette
Gardons nos moutons
Lirette, Liron,
Liron, Liron, Lirette.

CHANSON.

JE me ris de toutes vos rigueurs,
Nanon, je vous le dis,

Croyez

Croyes le tout de bon,
Je ne vous âime plus ;
Car j'ai connû enfin l'abus.

 Aime qui tu voudras
 Je le veux bien,
 Car dans ton coëur
 Je ne pretens plus rien,
 J'ai trop long tems
 Vécu deſſous tes loix ;
 Adieu, Nanon
 Je retire ma foi !
 Et mon coëur eſt à moi. *fin.*

CHANSON.

PEre André diſoit à Gregoire,
 Pere Choëur c'eſt aſſez chanté ;
Pour eviter l'oïſiveté
Achevons nôtre office à boire
Verſez, verſez, verſez du vin, & ſouvent,
Le Ciel aura ſoin du Convent. *fin.*

II.
Nous faiſons voëux d'obeïſſance
De pauvreté, & de chaſteté ;

Mais

Mais nous avons la liberté
De ne point faire d'abſtinence ;
   Verſez, &c.

EPITAPHE.

CI gît le corps de Pere Antoine
Dans ce cavôt ſi precieux ;
Si en buvant on monte aux Cieux
Son âme eſt tranquile, & ſans peine ;
Verſez des larmes, & du vin,
A la memoire de ce grand St.

CHANSON.

AVez-vous connù feu Gregoire,
Ce gourmet, ſi fin, ſi vanté,
Que tous les buveurs ont chanté,
C'eſt de lui que j'ai apris à boire.   *bis.*
La charmante Iris dont le nom
Se trouve dans chaque Chanſon,
Toujours jure de ſa Victoire ;
Iris m'aprit à m'enflammer
Peut-on me diſputer la gloire ?
De bien boire, & de bien aimer.

CHANSON.

SI vous voulez choisir un Amant,
C'est moi qu'il vous faut prendre
Je ne suis pas des plus charmants,
Mais je suis des plus tendres.

II.

Allons Catin le ver en main,
Buvons les uns aux autres,
Ft goutons les plaisirs du vin,
En attendant les autres.

CHANSON.

Air, la bonne Aventure au guet.

AH ! qu'un petit doigt de vin,
Reveille nature,
Il inspire un air bâdin.
Et nous promet à la fin,
La bonne aventure au guet.
   La bon aventure, *fin.*

II.

Que vous piffez joliment
O le doux murmure !

Que

Que le petit trou charmant
Seroit bien dans ce moment,
Ma bonne aventure, &c.

CHANSON.

QU'on me porte bouteille,
Faites venir fanchon ; *fin.*
Et nous aurons tout à nôtre aife
Le plaifir du vin, edu - - .   Qu'on &c.

II.

Vite à cette Bergere
Le verre le plus petit - - -   *fin.*
Mais fi l'on fait de debauche entiere,
Qu'on lui donne le plus grand - - -. Vite &c.

III.

Vit on jamais fillette
Refufer un bifquit - - -   *fin.*
Je vois bien charmante lifette,
Que vous aimeriez mieux un - - -.   Vit-on

CHANSON.

QUe Philis eft aimable,
Que de feu dans les yeux

Quand

Quand je fuis près d'Elle à table,
Je fuis mieux placé que les Dieux.

II.

Quoi ? faut-il pour vous plaire
Boire toujours tout plein ;
Verfez nous, mettez dans mon verre
Beaucoup plus d'amour que de vin.

III.

J'aurois crû que ma flamme
S'éteindroit en buvant,
J'ai bû jufqu'à me noïer l'âme
Et j'aime plus qu'auparavant.

CHANSON.

J'ai trouvé malgrè l'amour,
Une Maitreffe à-la-mode,
Je la baife nuit & jour
Sans que rien m'incomode
Elle accorde fes faveurs à tous,
Cependant je ne fuis point jaloux,
Car c'eft une bouteille,
Qui n'eut jamais fa pareille - - -. *fin.*

H   C'eft

II.

C'eſt une groſſe Don Don
Qui a l'humeur fort jolie,
Maniez lui les Tétons
Tour-à-tour, je vous en prie,
Elle accorde ſes faveurs à tous,
Je n'en ſerai jamais jaloux, &c.   *juſqu'à fin.*

III.

Baiſez-là fort tendremment
Quoi qu'en diſe la critique,
Faitez-là piſſer ſouvent
Car Elle craint la colique,
Bouchez lui bien ſon petit trou,
Je n'en ſerai jamais, *&c.*

IV.

Voules-vous de ſes apas
Une jouïſſance entiere,
Mettez lui la tête en bas,
Et lui levez le derriere ;
Allez de même juſqu'au fond
De ſa complaiſance je repond,
Je n'en ſerai jamais, *&c.*

Quand

V.

Quand on l'a vuë une fois
A la table fans coïffure ;
Et qu'on lui a mis le doigt
Deffus certaine ouverture,
On fe fent de fa liqueur
Penetrer le fond du coëur,
Je n'en ferai jamais, &c.

VI.

Allons la voire à St, Cloud
Cette belle incomparable,
Le Curé qui eft avec nous,
Nous la faira voire à Table,
Elle eft tout nuë entre fes bras
Ne vous en fcandalifez pas
Je n'en ferai jamais jaloux, &c.

CHANSON.

QUe d'exploits
L'amour doit à la treille !
Il a fçeu cent fois
Choifir le verre, & la bouteille,
Pour fon carquois ;

H 2

Sans

Sans Bachus l'amour a des alarmes,
Sans l'amour Bachus a moins de charmes,
Il faut les unir tous les deux
Pour être heureux ;
Quand ces Dieux ont reüni leurs armes,
Non, rien n'eft fi doux
Que de fentir leur coups.

II.

Partez tous
Cupidon vous appelle
Que le tems eft doux !
Vogués quand la faifon eft belle,
Embarqués vous ;
Et portés dans ce pélerinage
Sauciffons, mortadelles, & fromage,
Baniffés chers pélerins
Les noirs chagrins ;
Que Bachus foit de vôtre voyage ;
Toujours le bon vin
Acourcit le Chemin.

CHAN-

CHANSON.

Margot fait bien la fiere
Pour un petit C - - qu'Elle a   *fin.*
Elle s'imagine la pauvre fille
Que fon petit C - - la nourrira
La Marieras - - - *bis.*
    Margot &c.   *jufqu'à fin.*

CHANSON.

Margoton ton Pucellage
Moifit fous le Cotillon, - - - *fin.*
Bien different du fromage
Qui vielliffant devient bon.
    Margoton, &c.

CHANSON.

Tirfis dans un Grotte
    Tout en revant,
Tira de fa culotte
Son inftrument
Pour s'en divertir un moment ;
Tout en badinant

Scul

Seul il en joüa

Au guet lon là, lon lire, au guet lon là.

II.

Un Soldat de Provence

En faction

Bandant sans esperance

D'avoir un C - - -

Mit son V - - t dedans un Canon

Et dans le Canon

Son f - - - re lâcha

Au guet lon là lon lire, au guet lon là.

CHANSON.

PRenex bien garde Nanette

Vos beaux jours s'en vont - - -   *fin.*

Dans la belle âge

C'est d'être sage,

De se rejoüir

De son petit bien ;

S'en rejoüir,

S'en divertir.

Prenez bien garde, &c.

La CONFESSION.

UNe Fille étant se confesser
    Au Curé de Vivonne ;
Quel Pêché avez-vous fait
Ma petite Mignonne ?
Ah vraiment, Monsieur, j'ai badiné
Quelque fois avec un Homme,
Le plus grand pèché que j'ai fait
C'est d'avoir baisé l'homme ;
Ma fille pour ce pêché là
Il faut aller à Rome ;
Ah ! vraiment Monsieur le Curé
Y faut-il mener mon homme ?
Neni, neni, ma petite Enfant
Il n'y faut mener personne ;
Baise moi cinq ou six fois,
Et je te le pardonne,
Ah, vraiment, Monsieur le Curé !
Vôtre penitence est bonne.

CHANSON.

L'Autre jour j'aperçus Fanchon,
Qui faifoit la barbe à fon C - - -,
Devant un miroir
Avec un razoir,
Oh ! la f - - uë figure
Je lui dis que fais tu là ?
La barbe à ma nature lan, là,
La barbe à ma nature.

II.

Et quand tu l'auras razé
Donne moi du plus frizé
Pour faire un habit
A mon pauvre V - - t,
Contre la grande froidure,
Ton C - - en fairà le Tailleur,
Il en fçait la mefure lan, là
Il en fçait la mefure.

CHANSON.

Que Diable veut-on que je faffe ?
De cette épouvantable face
De la Citrouille que violà,

Elle

Elle a les fefes ècaillées
Le ventre en double falbalâ,
Et les cuiffes prétintaillées ;

II.

Elle a deux enormes tétafes
Pendantes en forme de befaffe,
Sur fon ventre vont aboutir
Et couvrent d'une peau molaffe,
Un C-- capable d'engloutir
Priape, & toute fa f--uë race.

CHANSON.

Air, danfons le nouveau Cotillon.

NOn, ne me demande plus rien
Ne t'ais-je pas dit que je t'aimois bien. *fin*
    Ah ! ne preffe
    Point ta maitreffe,
    Retire ta main
    Fy donc badin
    Cache ton engin.
Non, non &c.

Autre, *même Air.*

PEre Anſelme avoit avoit un Cordon
Qui n'étoit tiſſù que de poil de C--. *fin.*
    Certaine Abbeſſe
    Par tendreſſe
    Lui fit ce preſent
    Le premier jour de l'an ;
Pere Anſelme, *&c.*

II.

A long champs à ce que l'on dit
L'habit de l'Abbeſſe eſt de poil de V --t *fin.*
    Les Nonnettes
    Dans leurs goguettes
    Viennent ſe frotter
    Quand Elles veulent décharger.
A long champs, *&c.*

Autre, *même Air.*

UN Jeſuite allant à tâton
Mit ſans y penſer la main ſur un C-- *fin.*
    Un jeune frere,
    Lui dit mon Pere,

Jamais

Jamais Loyolà
Ne pratiquà
Ce chemin là
F - -re en C - - c'eſt du tems perdû,
Allons mettez vôtre V - - t dans mon C--l.

CHANSON.

QUe j'aime à boire chez Cloris
Qu'Elle eſt de bon commerce,   *fin.*
Buffet, & table bien garnie
Laquais qui tonjours verſe ;
Et toujours pour les amis
La bonne piece eſt en perce.
Que j'aime à boire, &c.

CHANSON.

POur couler doucement la vie,
Un peu d'amour, beaucoup de vin,
Soyons ſouvent le verre en main,
Et raremment près de Silvie ;
Amis il faut pour être heureux
Aimer un jour, & boire deux.

I 2   CHAN-

CHANSON.

L A Prevôt a le C-- fendu
Depuis le Nombril jusqu'au C--l,
Lan, lan, Laderirette.
Encore, dit-on, qu'il croîtra
Lan, lan, laderira.

II.

La Princeffe Miconicon
A brulé le fin de fon nom,
Lan, lan, &c.
Ne fentez-vous pas le rouci
Lan, lan, laderiri.

CHANSON.

L 'On ne vit plus pour fon voifin
L'on vit pour fa vofine,
L'on vit pour fa
L'on vit pour fa,
L'on vit pour fa vofine.

II.

Ne laifez à qui que ce foit,
Voire vôtre complaifance,

Voire

Voire vôtre com - - -
Voire vôtre com - - -
Voire vôtre complaifance.

III.

On dit qu'un Moine prend le foin
De vôtre confcience,

De vôtre con- - - &c.

IV.

Si tout eft comme vos tétons,
L'aimable connoiffance

L'aimable con - - - &c.

V.

Un Carme difoit l'autre jour
Que ces femmes font folles,

Mais il eft fou

Ce drôle il les fout,

Mais il les fout ce drôle.

VI.

Je vien d'acheter un manchon
De plus beau poil de France,

Du poil de con - - -
Du poil de con - - -
Du poil de confequence,

Catin

VII.

Catin je vous offre un bouquet
D'un pied de violettes,
  D'un pied de vi - - - &c.

VIII.

Belle l'on dit que vous favez
Poivrer les vinegrettes,
  Poivrer les vi - - - &c.

IX.

Pour changer la piece à Monfieur
Ouvrez le comptoir Jeanne,
  Ouvrez le com - - - &c.

X.

Babet revant à fon Amant
Le vit tout droit près d'Elle,
  Le vit tout droit - - - &c.

XI.

Ne pourai-je jamais entrer
Dans vôtre confidence,
  Dans vôtre con - - &c.

XII.

Je trouve que vôtre Efpagnolle

A

A trop de continance,
    A trop de Con - - - *&c.*
XII.
C'eſt que vous n'avez pas pour Elle
Aſſez de vigilance
    Aſſez de vi - - - *&c.*

CHANSON.

ENvain par mille âpas
Iris vous voulez plaire,
Si vous ne voulez pas
Vous en ſervir pour faire
L'amour la nuit, & le jour.
II.
Que ſert dans vos beaux yeux
Le feu qui vous éclaire ?
Et ſi les tendres yeux
Ne vous conduiſent à faire
L'amour la nuit, *&c.*
III.
Vous étes faite expres
Pour l'amoureuſe guerre ;
Et juſqu'aux moindres trais

Tout

Tout parle en vous de faire
L'amour, la nuit &c.

IV.

Vôtre teint vif, & doux
Vôtre taille legère,
Veulent dire pour vous
Que vous pouvez bien faire
L'amour, la nuit &c.

V.

J'ai beau brûler pour vous
D'une flamme fincere,
Vous entrez en couroux
Si-tôt que je veux faire
L'amour, la nuit &c.

VI.

Eft-ce d'un vrai devoir
La frivole fincere ?
Qui vous fait concevoir
Tant de haîne pour faire
L'amour, la nuit &c
Si c'eft là vôtre erreur
Tirez-vous en Bergere,

Le

Le vrai devoir d'un coëur
C'eſt le devoir de faire.
L'amour la nuit, &c.

VIII.

Fuyez les froids diſcours
De la vieilleſſe auſtère,
Les vieux dans leurs beaux jours
Ne parlent plus de faire
L'amour la nuit, &c.

IX.

Le bel' âge s'enfuit
La tendreſſe s'altère
La vigueur ſe détruit,
Et l'on ne peut plus faire
L'amour la nuit, &c.

X.

Vos fragiles âpas
N'ont que l'éclat du verre,
Un rien les met à bâs
Souvent faute de faire
L'amour la nuit, &c.

Le

XI.

Le Soleil tous les ans
Fait refleurir la Terre ;
Mais nous n'avons qu'un tems
Qui nous convient à faire
L'amour la nuit, &c.

XII.

Pour moi je previendrai
Une perte si chére,
Le plus que je pourrai
J'apprendrai bien à faire
L'amour la nuit, &c.

CHANSON,
Air de Surenne.

Tircis couché sur l'herbette
Dans le fond de ce valon,
En revant à sa Nanette
Un jour chantoit sur ce ton ;
Non, non, il n'est point de si joli nom,
Que celui de ma Nanette,
Non, non, il n'est point de si joli nom
Que celui de ma Nanon. *fin.*

Je

II.

Je veux deſſus ma muſette,
La chanter inceſſamment ;
Je veux deſſus ma houlette
La graver profondemment.
Non, non, il n'eſt point, &c.   *juſqu'à fin.*

III.

Flle eſt belle, Elle eſt bien faite,
Elle eſt droite comme un jonc ;
Elle ſent la violette
Et plus douce qu'un mouton.
Non, non, *&c.*

IV.

Elle eſt d'une humeur folette,
Et chante comme un pinçon ;
Mais tout ce que je ſouhaîte,
Et de celebrer ſon nom.
Non, non, *&c.*

V.

Non celui de Climene
N'a point de ſi joli ton,
Il rîme avec inhumaine

N'a

N'a point de fi joli ton.
Non, non, &c.

VI.

Dans cette heureuse raitraite
Chantons, chantons-le toujours,
Que l'Echo charmé repete
Le beau nom de mes amours.
Non, non, &c.

VII.

Pour prix d'une ardeur parfaite
Je demande pour tout bien,
Qu'un jour Elle me permette
D'unir fon Chifre, & le mien.
Non, non, &c.

VIII.

Que l'Hiftoire, & la Gazette
Celebre les grands renoms,
Les Bergers en amourettes
N'aiment que les petits noms ;
Non, non, il n'eft point de fi joli nom,
Que celui de ma Nanette,
Non, non, il n'eft point de fi joli nom
Que celui de ma Nanon.

CHAN-

C H A N S O N.

Vois Colin comme je file
  Je moüille en filant mon lin,
Moüille auſſi quand tu m'en file
Le fil en ſaira plus fin ;
Il faut que je file, file
De la laine, ou bien du lin.

II.

Un Amant tendre, & fidèle
Fait pour donner de l'amour
Trouvà ma laine ſi belle
Qu'il m'en fila l'autre jour ;
Il m'en fila, file, file,
Il m'en fila l'autre jour.

III.

Quand il eſt las de l'ouvrage,
Ma main remet aiſément
Par un tendre badinage
Son Fuſeau en mouvement ;
Il m'en file, file, file
Il m'en file galamment.

Colin

Autre, *même Air.*

COlin venant de la ville
Voulut filer de mon lin
Mettant d'une humeur gentille
Son fuseau dedans ma main
Il faut que je file, file,
De la laine, ou bien du lin. *fin.*

II.

Il ne m'eſt pas difficile
D'amaſſer beaucoup de lin,
Si tu veux Colin du fil
Je te donnerai du lin
Il faut que je file, file, *&c.*

III.

Vois Colin comme je file
Je moüille ſouvent mon lin,
Il faut moüiller quand tu files
Le fil en ſaira plus fin.
Il faut que je file, file, *&c.*

IV.

Je ne veux être inutile
Je languirai de chagrin,

C'eſt

C'eſt le plaiſir de ma vie
Quand j'ai mon fuſeau en main,
Il faut que je file, file, &c.

V.

Quel plaiſir que d'être fille
Et ſçavoir cet entrétien,
Filant cet aimable fil
Qui eſt ſi doux dans la main ;
Il faut que je file, file, &c.

VI.

Par-tout aux Champs, & en Ville
Celà n'eſt pas incertain,
De voir bien des jeunes filles
Qui font joüer dans leurs mains
Le fuſeau qui file, file,
Soit de la laine, ou du lin.

CHANSON.

Air, reveillez vous belle endormie.

DAns cette agreable demeure
Uniſſons Bachus à l'amour,
Profittons de cette verdure
Je vous aimerai tout le jour,

II.

Verſe du vin l'amour me preſſe
Enyvrons juſqu'à ma vertu
Ah ! Tircis je ſens ma foibleſſe
Et toi comment te portez-tu ?

III.

On ne peut pas garder les filles
Elles s'échapent quelque jour,
Les Limaçons de leurs coquilles
Sortent bien pour faire l'amour.

CHANSON.

JE tiens ma bouteille à terre
   Et Catin ſur mes Genoux ;
Quand j'ai ſoif, je prend mon verre,
Quand je bande je la f - -t,
Suivons, ſuivons tour-à-tour
Suivons Bachus, & l'amour. *fin.*

II.

Et quand j'ai dans ma cervelle
Une douzaine des coups,
Manquerai-je de Bergeres
Mes amis qu'en penſez vous ?
Suivons, ſuivons, &c.

CHAN-

CHANSON.

Air, reveillez vous belle endormie.

UN Auguſtin à face pâle
  Aſſis deſſus le verd gazon,
Aux filles tenoit la morale
A peu près de cette façon.

II.

Filles qui à la promenade
Vous laiſſez conduire aux Amans,
Savez-vous bien qu'à l'eſplanade
Sur l'herbe on trouve des Serpens.

III.

Fuiez, fuiez-en la piqure
Elle vous mettroit aux abbois,
Car Elle produit une enflure
Qui ne ſe guerit qu'en neuf mois.

IV.

Gardez-vous bien de tête-à-tête
Et de l'amant, & de l'ami ;
Car une fille ſur l'herbette,
N'eſt dejà fille qu'à demi.

L.

CHAN-

CHANSON.

SI l'on avoit l'audace
D'aller chez vous
Pour occuper la place
De vôtre Epoux,
Y feriez-vous, Madame,
Y feriez-vous ?

II.

Pour occuper la place
De mon Epoux,
Il faut que l'on me faffe
Cinq ou fix coups ;
Le pourriez-vous, Monfieur,
Le pourriez-vous ?

CHANSON.

QUe j'aime la franchife de mon rival, &
la fillon,
L'on f - -t en C - -l,
L'on f - -t en C - -
Entre les cuiffes, entre les deux tétons,

On

On se fait branler le V - -t
Et grater les deux C - - s.

CHANSON.

LEs Cocus sont bons, mais l'on en tuë
    guéres,
Les Cocus sont bons, mais l'on en tuë pas ;
La crainte qu'on a de tuër son Pere,
Fait que lon, lan, la, que l'on en tuë guéres,
Fait que lon, lan, la ; que l'on en tuë pas.

II.

Le Bordel est bon, mais l'on y va guéres,
Le Bordel est bon, mais l'on y va pas ;
La crainte qu'on a d'y trouver sa mére,
Fait que lon, lan, la ; que l'on y va guéres,
Fait que lon. lan, la ; que l'on y va pas.

CHANSON.

SUr l'amoureux Neptune
Puisqu'il nous faut voguer,
Avec toi belle Brune
Je voudrois m'embarquer ;
    Et vogue la Galere

Tant

Tant qu'Elle, tant qu'elle,
Et vogue la Galere
Tant qu'Elle poura voguer. *fin.*

II.

Ne me fois pas rebelle
Mon aimable tendron,
Moi Préte ta nacelle
Et prend mon aviron.
Et vogue la Galere. *jusqu'à fin.*

III.

Sous l'amoureufe étoile
Quel bon vent n'a-t-on pas,
Iris mets à la voile
Je conduirai le mât ;
Et vogue la Galere. *&c.*

IV.

Si le tems difficile
Un Port me fait chercher,
Ton fein fera l'azîle
Où j'irai relâcher ;
Et vogue la Galere. *&c.*

Et

V.

En dépit de l'orage
Je benirai le fort,
Si je faifois naufrage
Dans un auffi beau Port ;
    Et vogue la Galere. &c.

CHANSON.

JE n'époufserai jamais Maffon
   Avec fa trouelle,
Car il m'a tout embarbouillé le C _ _
Ce gros vilain Maffon
Ce ladre de Maffon
De fa truelle , le vilain,
De fa truelle.

II.

Toute la nuit il me difoit
Que ma chemife l'empéchoit,
Et encore il me demandoit,
Ce gros vilain Maffon,
Ce ladre de Maffon,
Ce Jean-foutre de Maffon,
Pour voir mon joli C _ _

De la chandéle, le vilain,
De la chandéle.

CHANSON,

Boire, & fumer, f--re, & caſſer des verres
    Manier un C--, & ſe branler le V--t,
Tuer ſon Pere, & en--ler ſa mére,
    C'eſt le moyen d'aller en Pa--is.

CHANSON.

Vien ici ma Colombine
    Vien ici ne gronde point,
Je verrai la voiſine
    Tu verras le voiſin,
Je te ferai cornette,
    Tu me feras cornù,
Et la paix ſera faite
    Nous n'en parlerons plus.

CHANSON.

Fuiez vertu ſevere
    Quitez ma jeune Bergere
Fuyez vertu ſevere,

Qui-

Quitez-la pour quelque tems,
Sur le declin de ſes ans
Vertu venez lui plaire j'y conſens,
Alors il ſera tems ;
Mais du moins de ſon Printems
Cedez les moments charmans
Au plus fidèle des Amants.

CHANSON.

Air, vous m'entendez bien.

F‑‑re de vous f‑‑re de moi,
F‑‑re de tout ce que je vois,
Vous êtes un Jean foutre.
 He bien
Allez vous faire f‑‑‑re,
Et vous m'entendez bien.

II.

Belle que vos yeux ſont fendus
Qu'ils ſont brillants, qu'il ſont barbus ;
Certain endroit que jâime.
 He bien
Et-il dejà de même ?
Et vous m'entendez bien.

Vos

III.

Vos tétons veulent fe montrer,
Et vous vous écoutez piffer
Je dis belle Allemande.
He bien,
Que tout cela demande
Et vous m'entendez bien.

IV.

D - - - fit le jour D - - fit la nuit,
D - - fit un C - - D - - fit un V - -t
Il a fait l'un, & l'autre.
He bien,
Pour mettre l'un dans l'autre
Et vous m'entendez bien.

V.

Si vous voulez Prédicateurs
Du fexe empêcher les ardeurs,
Faites châtrer les moines
He bien,
Et couper aux Chanoines
Et vous m'entendez bien.

CHAN-

CHANSON.

JE ne m'embaraſſe gueres
De vôtre air indifferent,
Quand on a briſé ſa chaîne
L'on en vit bien plus content ;
Vous avez beau faire la fiere,
Cela ne me fait de rien,
Car vous ne trouverez gueres,
Un cœur fait comme le mien.

CHANSON.

UN jour le beau Pierot,
Prioit d'amour Charlotte,
Charlotte le prit au mot,
Pierot la prit à la mote ;
Ah ! ma pauvre Charlotte,
Ah ! mon pauvre Pierot.

CHANSON.

Air, à table avec mes amis.

MOn pauvre V – –t eſt crochu
Et coûle comme une fontaine,

M

Amis

Amis pour avoir trop f---u
  Je foufre des mortels la plus cuiffante peine,
Chienne de garce de putain,
  Digne monture de Cerbère,
Que ce monftre en couroux
  Pour venger ma mifère
Te f--te avec un V--t d'airain.

Stances *du Siéur* R - - -.

L'On f--t par tout le monde,
Sur la terre, & dans l'onde,
Ft même dans les Cieux,
Jupin f---t Ganimede,
Et Perfée Andromede,
A la barbe des Dieux.

II.

Caron dans fa nacelle
Grimpe chaque femelle
Qui paffe l'Acheron ;
Arianne Etoilée
Eft encore la f--ée,
Du divin Briberon.

De

III.

De Thetis enconnée
Par le brave Pelée
Achille fut le fils ;
Celui-ci vole à Troye,
Et dans le fang fe noye,
Pour f - - re Brifeis.

IV.

Lorfque Pluton pâtine
La motte à Proferpine,
Il fent dans fes C - - ons
Une liqueur mutine,
Qui de fa roide pine
Jaillit à gros bouillons.

CHANSON.

Quand on me parle d'un petit C - - -
Ma foi je crois qu'on me raille ;
Car je n'en ai jamais trouvé qui ne fut de
bonne taille ;
Ah, qu'on a bien fait de s'en dégoûter !
Et de retourner la Medaille.

M 2

Quand

II.

Quand on me parle de Lucifer,
Ma foi je crois qu'on fe raille,
Avec fa fourche de fer, fon marteau, & fa
Tenaille ;
Ah ! qu'on a bien fait d'inventer l'enfer,
Pour épouventer la Canaille.

CHANSON.

CEtte petite effrontée
A qui je faifois la Cour,
M'alloit difant l'autre jour.
La couchant fur la montée,
An ! Monfieur la, la, la, la,
Ah ! vous me faites cela. *fin.*

II.

J'ai fermé dis-je la porte
Nul n'entendra nos difcours,
Mais Elle crioit toujours,
Laiffez moi-là je fuis morte.
Ah ! Monfieur, &c.

Etes

III.

Etes vous encore Pucelle ?
Ce feroit un grand defaut,
D'un coup fourni comme il faut
J'enconne alors Peronnelle.
Ah ! Monfieur, &e.

IV.

Ah ! dit Elle je me pâme,
Vous me mettez toute en feu,
Monfieur attendez un peu,
Me voulez vous ôter l'âme ?
Ah ! Monfieur, &c.

V.

Ma Chemife eft toute moüillée
Là doucement, & tout-beau,
Je m'écoule toute en eau,
J'en fuis toute fatiguée ;
Ah ! Monfieur, &c.

VI.

Je vais appeler ma mére
Si vous ne vous retirez,
Les marches de l'efcalier

M'ont

M'ont écorché le derriere ;
Ah ! Monfieur, &c.

CHANSON.
A dancer en Rond.

L'Autre jour me promenant
J'aperçus des nids,
Des nids, des nids Mefdames ;
J'aperçus des nids,
Des nids de Cornillards.

II.

Quand je les eus aperçu,
Je les mis tous en un tas,
J'apellai mon Cu--
Mon Cu--, mon Cu-- Medames
Mon Curé gros, & gras.

III.

Quand mon Curé fut venu
Auffi-tôt il s'écria,
A fon cri fon Vi--
Son Vi--, fon Vi-- Mefdames
Son Vicaire arrivà.

Et

IV.

Et le Vicaire arrivé
Avec un fac fous fon bras,
Il les prit & les fou--
Les fou--, les fou-- Mefdames
Et les foura dans fon fac.

V.

Et quand il les eut fouré
Auffi-tôt il s'en alla,
Toujours en branlant,
En branlant, branlant Mefdames
En branlant le cul du fac.

VI.

Et à force de branler
A la fin il déchargea
Tout auprès du Com--
Du Com--, du Com-- Mefdames,
Du Compere Nicolas.

CHANSON.

En Coq-à l'Ane.

UN bel Oifeau c'eft l'Hirondelle
Femme qui fo--roit fans chandelle,

L'amant

L'amant qui fo--roit avec Elle
Lui mettroit fon V - -t à tâton,
Buvons Camrades buvons.

II.

Un bel Oifeau c'eft une gruë
Femme qui eft toute nuë
Et fans doute plus-tôt fo - - uë
Que quand Elle a fes cotillons ;
Buvons, &c.

III.

Un bel Oifeau c'eft la Linote
Femme qui fait tant la devote,
Frottez lui d'un V - -t la mote,
Vous la verrez en pamoifon ;
Buvons, &c.

IV.

Un belle Oifeau c'eft une Pie
A Femme qu'on voit en furie,
Faut lui parler de fo - - rie,
La paix viendra dans la maifon.
Buvons, &c.

Un

V.

Un bel Oiſeau c'eſt la Becaſſe,
Femme qui fo - - -t deſſus la glace,
Et qui avec ſon C - -l la caſſe,
N'at-Elle pas la ragé au C - -?
Buvons, &c.

VI.

Un bel Oiſeau c'eſt une Caille
Quand je fo - - s aprenez canaille,
Que mes C - -lons ſont en bataille
Et mon V - -t eſt en garniſon.

CHANSON.

Air, des Fanatiques.

Mettez vôtre nez à mon C--l,
    Dit la perdrix à table,
Il eſt ſans être dodû
    D'un fumet agreable;
Ce dit le lapreau rablû
    Le mien eſt plus aimable.
Vive le C - -l qui ne ſent rien,
    Dit la caille graſſette,

N

Meſ-

Meſſieurs, baiſez donc le mien ;
Et moi dit l'aloüette
Je ſuis pucelle & veux bien
Que ſur moi l'on ſe jette.
Mais la Poularde au même inſtant,
Montrant l'aîle, & la hanche
Dit prenez-moi par devant,
Levez ma cuiſſe blanche
Avec mon jus ſucculant
J'aurai bien ma revanche ;
Les conviez tous étonnez,
Voulant rompre ſilence,
La becaſſe dit venez
Tous avec Confiance,
J'ai Meſſieurs pour vôtre nez
De la merde en abondance.

CHANSON.

Air, aimable Vainqueur.

JE ſens ma Catin
Lever mon Engin,
Que tu me ſçai plaire !
Je veux te faire

Deux coups ce matin,
Vien ça ma poule,
Vien que je t'en coule,
Tends moi ton C--in
Mets toi fur le lit,
Faut-il que j'attende ?
Vois comme je bande
Empoigne mon V - -t,
Embraffe moi
Je n'aime que toi,
Dejà je me pâme
Tu ravis mon âme,
Et je m'aperçois,
Que fous les Cieux
Il n'eft point de femme
Qui chevauche mieux.

CHANSON.
même Air.

Toutes vos Leçons
Ne font que chanfons,
Je fuis dans un âge
Où l'efclavage

N'eft

N'eſt plus de ſaiſon ;
L'amour me preſſe
Je ſens ma foibleſſe.
J'aime les Garçons.
Laſſe d'un noir Convent
Reſterai-je fille
A qui fuit la grille,
Il faut un Amant ;
J'ai des âpas
Que d'autres n'ont pas,
J'ai la gorge belle
Et jamais Pucelle,
N'eut un ſi beau bras ;
J'ai tout Mignon,
Depuis mon oreille
Juſqu'à mon talon.

CHANSON.

JE ne connois ſur terre
    Que deux ſortes de C͡--s,
Les uns qui voudroient faire,
    Et les autres qui font ---

Et

Et Flon, flon, flon lelira, don daine ;
   Et flon, flon, flon lerira, don, don. *fin,*

II.

L'autre jour fur vos tuilles
   Un page j'aperçus
Qui montroit à nos filles,
   Le revers de fon C -- l.
Et flon, flon, &e.

III.

Nanette eft en colere
   De ce que fon amant,
N'a jamais pû lui faire
   Qu'une fois fulemment.
Et flon, flon, &c.

IV.

Ah ! petite Nanette,
   Ah ! petite Nanon,
Quand vous êtes feulette
   Vous vous grattez le C--.
Et flon, flon, &c.

V.

Vraïment la belle affaire,
   Et vous autres garçons,

Ne vous voit on pas faire
Le plus souvent sans C --
Et flon, flon, &c.

VI.

Faudroit être une souche
Pour ne pas trouver bon,
Un doigt de langue en bouche,
Et un pied de V--t en C--.
Et flon, flon, &c.

VII.

Une vieille Bougresse,
Séche comme un bâton,
Qui n'a ni C-- ni fesses,
Comment la fou--oit on.
Et flon, flon, &c.

VIII.

Nôtre plus aimable âge,
Et l'âge adolescent,
On a lors l'avantage
De f--re plus souvent.
Et flon, flon, &c.

CHAN-

CHANSON.

UNe Putain dans un boucan
    F--nt avec malice
A moi pour premier jour de l'an
    Donna la Chaude-piſſe ;
F--re de tes airs engageants
    Ton C--n n'eſt pas de miſe,
Rend Putain, rend moi mon argent,
    Reprend ta Chaude-piſſe.

CHANSON.

HEureux qui dans ſa pauvreté
    Se ſatisfait dans ſa cabane,
Plein de vigueur & de ſanté
    Boit comme un trou, f--t comme un âne.

II.

Heureux qui n'a mal à propos
    Point d'affaires qui le broüille,
Et qui peut dans un plein repos,
    Au Soleil ſe branler ſes C--lles.

III.

Heureux enfin qui après cent ans
    Sans être connu de l'envie,

Et

Et qui dans ſon dernier moment
En dechargeant quite la vie.

IV.

J'aperçus deſſus un degré
Un C-- Barbu comme un Hermite,
Qui diſoit un *Miſereré*
Pour un V--t qui mouroit étique.

CHANSON.

AH ! que mon V--t me fait de peine,
C'eſt un exemple de vertû,
Il reſſembe à la Magdeleine
Il pleure après avoir fo--û.

CHANSON.

S-- P--, S-- J-- & S-- L--,
Tous trois Ev ---es,
N'ont ils pas f --u en C--l,
Le pauvre S-- J-- Ba--e,
Ta la ra la.

II.

La Putain du Pa--is
S'appelloit la Ma--ne,

Quand

Quand S -- P -- la fo -- it
Elle avoit fes mal-femaines.
Ta la ra la.

CHANSON.

JE fuis d'un bon temperamment
   Propre pour la debauche,
Je bois continuellemment
   Nuit & jour je chevauche ;
Je n'ai qu'un C--on,
   Mais f - -re il eft bon,
Car c'eft le C - - on gauche.

II.

Fo - - s, donc fi tu veus decharger,
   Ou bien je t'abandonne
Tu ne fais que fouttimaffer,
   Ah ! bougre tu deconnes,
Fo - - u membre mou,
   Si jamais tu me f - -s
Que le Diable m'enconne.

CHANSON.

JE me pâme
Mon cher Tirfis

O

Je

Je rend l'âme
Si tu ne ceſſes pas,
Je vais expirer
Dans tes bras.
Le voici ce moment,
Je le ſent
Cher amant,
Quel raviſſement !
Ah l je rend les derniers ſoupirs
Je me meurs de trop de plaiſirs.

CHANSON.

LEs Oiſeaux baiſent en l'Air,
Les Animaux ſur la Terre,
Les Poiſſons dedans la Mer ;
Et nous qui dominons tout,
Quoi ! ne baiſerons nous pas tout ?
N'a-t-on pas baiſé pour nous faire ?

CHANSON.

MA partie animale
Voudroit ſe divertir,
Mais ma raiſon plus ſage
N'y ſauroit conſentir ;

Mou-

Mourai-je donc
Vierge, Pucelle ?
Mourai-je donc
Sans ce plaisir ?

CHANSON.

EN certain detour
Le Dieu d'amour
Me conduisit l'autre jour ;
J'aperçûs Fanchon
Qui dormoit sur le gazon
Dieu qu'Elle étoit belle !
Je profitài de ce moment,
Et la preſſant vivement,
Ah ! cher amant, dit Elle,
Que le proverbe eſt fidelle,
Je ſent que le bien vient
Souvent en dormant.

II.

Que me faites vous,
Etes vous fou ?
Vous deſerrez mes genoux,
Quel eſt ce deſſein ?
Vêtre main ſur mon ſein,

Ah !

Ah ! cesse de grace,
Ne me jette point sur ce lit
Si non je ferai du bruit,
Ah ! quelle est vôtre audace ?
Frippon vous gagnez la place,
Maman, ah ! je me meurs
Il n'est plus tems.

CHANSON.

QUe dans mon C -- le Roi du Fo -- re
s'assemble
Cent mille V--ts Novices à leurs devoirs,
Qu'il fait beau voir étroit unis ensemble
Un joli V--t avec un beau C-- noir
Le Ciel propice
Nous favorise,
Et nous donne en main
Tous les V--s des humains.

CHANSON,

CA Fanchon
Trousse ton jupon
Vite, vite

Que

Que je mette mon V - -t
Dans ton petit C - -,
Quelle ardeur,
Enflamme mon coëur !
Non jamais je n'eus de ma vie,
De f--re autant d'envie
Mon V--t creve de roideur,
Par la mort de mon fier tranſport ;
Fuſſiez vous un monde ?
Je f--rois la ronde
Trouſſe toi
Je vais commencer par toi.

CHANSON.

J'Apporte d'Antioche
Païs de mon Ayeul,
Un piſtolet de poche,
Qui decharge tout ſeul ;
Jamais il ne detruit
Car il aime à produire.
Il tire jour, & nuit,
Et ſans bruit,
Il porte la douceur

Aux

Aux cœurs
De ceux fur qui il tire.

CHANSON.

L'Autre jour j'aperçus Cupidon
Ronflant comme un cochon,
Qui dormoit fur un C--
Je lui piffai dans l'oreille
Lui croyant faire depit,
Le petit Bougre s'éveille
Et vint dans ma bouteille,
Se branler le V--t,

CHANSON.

Air, ton heumeur Catherene.

EN filant ma quenoüillette
Sur le bord d'un clair ruiffeau,
Je croyois être feulette,
Et fongeois à mon troupeau ;
Mais fur la tendre fougere
L'aimable Colin me vit,
Helas ! dirai-je à ma mere
Ce que le frippon me prit ?   *fin.*

II.

Il m'aprocha d'un air tendre
Et prit ma main doucement
Je ne pûs pas m'en defendre
Il me parut trop charmant,
Loin de me mettre en colere,
Je raffurai mes efprits ;
Helas ! &c.

III.

Il me dit que j'étois belle,
Que je charmois tous les coëurs
Le moyen d'être cruelle ?
Quand on nous dit des douceurs
Un amant tendre, & fincère
Merite-t-il des mépris ?
Helas ! &c.

IV.

Trop adorable Silvie
Me difoit il tendrement,
Je ferai toute ma vie,
Vôtre plus fidele amant ;
Aimez-moi d'un coëur fincère
Le mien en fera le prix,
Helas ! &c.

Je

V.

Je me trouvois sans defence,
Contre sa naiffante ardeur,
Une longue refiftance
Irrite trop un vainqueur ;
En vain je fis la fevére
Mes regards m'avoient trahi,
Helas ! &c.

VI.

En ce moment interdite
Il me parut plus charmant,
Je me trouble ; il en profite
Et m'embraffe tendrement ;
Nous étions fur la fougere
L'amour nous avoit unis ;
Helas ! &c.

CHANSON.

JE fuis né pour les plaifirs
Bien fou qui s'en paffe ;
Je n'aime point à choifir
Souvent le choix m'embaraffe ;

Aime-

Aime-t-on ? J'aime foudain,
Boit-t-on ? j'ai le verre en main,
Je tien par tout ma place.

II.

Dormir eft un tems perdû
Faut-il qu'on s'y livre
Sommeil prend ce qui t'eft dû ;
Mais attends que je fois yvre
Hâte toi dans ce moment,
Fais moi dormir promptemment
Je fuis preffé de vivre.

III.

Mais fi quelque object charmant,
Dans un fonge aimable,
Vien d'un plaifir feduifant
M'offrir l'image agréable
Sommeil, allons doucement,
L'erreur eft dans ce moment
Un bonheur veritable.

CHANSON.

Air, Robin turé, lure, lure,

MA Femme dans ma maifon
Eft un grand mal que j'endure,

CHAN-

St. Michel est mon Patron,
Ture, lure,
Nous avons même monture,
Robin ture, lure, lure.

CHANSON.

Air, la bonne aventure au guet.

UN jour certain Advocat,
De maigre encolûre,
Qui se disoit délicat
Sur la creature,
Fut avec certain tendron
Dont je ne dis pas le nom,
En bonne aventure au guet,
En bonne aventure.

II.

Comme la Belle n'avoit
Rien en mignature,
Et que la clef se perdoit
Dedans la serrure ;
Il s'écria tout confus,
Oh Ciel ! a-t-on jamais vû
Si grande ouverture ? au guet
Si grande ouvert.

L'Avo-

III.

L'Avocat peu satisfait
De cette aventure,
Dit qui peut vous avoir fait
Pareille ouverture ?
Que je sois decapité
Si je n'entrois tout botté
Dans vôtre ouverture au guet,
Dans vôtre ouverture.

IV.

Oh vraiment ! lui repondit
La bonne Commére,
Si vous l'avez trop petit
Je ne puis que faire,
Vous croyant un plus grand train
J'avois ouverte à deſſein,
Ma porte cochere au guet,
Ma porte cochere.

V.

Dedans vôtre logement,
Reprit le Compere,
On entre facilement
De tout maniere ;

Si

Si j'en crois mon préjugé,
Vous avez ici logé
Plus d'un locataire au guet,
Plus d'un locataire.

CHANSON.

JE bois, & je f--s
Tous les jours de la vie
Et compte pour rien
Tous les autres plaifirs.

Les vaines grandeurs
Ne me font point d'envie,
Le vin, & le C---
Bornent tous mes plaifirs.

CHANSON.

UN Cordelier d'une riche encolûre,
Large de quarûre,
Sur de fon pouvoir
Prodigue du mouchoir ;
Les yeux ardens exhortant fa Silvie,
Vite je vous prie,
Ça depêché vous
Deferrez les genoux.

C'eft

II.

C'eſt tems perdu, repondit la fillette,
Vôtre affaire eſt faite,
Je ſçai mon devoir
J'ai rendez-vous ce ſoir ;
Avec qui donc, dit le moine, en colere ?
C'eſt avec un Frere
L'honneur & l'appui
Des Carmes d'aujourd'hui.

III.

Frere Andouillard, c'eſt ainſi qu'on le nomme
Vertigué quel homme,
Six fois chaque jour
Me fait ici ſa cour,
Pretendez-vous être ſon Acolite,
Petit Proſelite ?
Allez loin de nous
Queter un rendez-vous.

IV.

Le Cordelier frapé de cet outrage,
Tranſporté de rage
Lui dit tout en feu
Vouz allez voir beau jeu,

Vous

Vous ignorez où Luſtucrû m'emporte
Le nom que je porte
Frere Tapedru
Ne vous eſt pas connû :

V.

C'eſt moi morbleu, croyez-vous à ma mine
A cette poitrine,
Qu'un Carme avec moi
Puiſſe avoir quelque employ ?
Je veux qu'ici vôtre amoureux Athlete
Baiſſe ſa jaquette
Saiſi de reſpeĉt
Recule à mon aſpeĉt.

VI.

Dans le moment comme une ombre craintive
Dans la perſpeĉtive,
Le carme parût
Le Cordelier courût,
Puis le tirant par les bras, lui dit, Frere,
Sans tant de miſtere,
Voyons qui des deux
Merite d'être heureux.

Vous

VII.

Vous le ferez, dit humblemment le Carme,
Sans tant de vacarme,
Frere Tapedrû
Andouillard a vaincû,
Je l'ai toujours reconnù pour mon Maître ;
Fuis donc double traître
S'écria la foëur
Je me livre au vainqueur.

VIII.

Les yeux baiffez le coëur plein d'amertume
Comme un Coq fans plume,
Le Carme aux abois
S'enfonça dans le bois,
Tandis qu'en paix fur le champ de bataille
D'eftoc, & de taille,
Tappedrû content
Triomphe à chaque inftant.

IX.

Vous dont le coëur par d'invincibles charmes
Tient fi fort au Carmes,
Pour eux croyez moi
N'ayez plus tant de foi ;

Le

Le Carme, helas ; je le dis à sa honte
Comme un Epoux compte
Le Cordelier và,
Et compte que poura.

CHANSON.
Le triomphe du Carme.

FRere Andouillard au Convent se retire
Plein de son martire,
Exhalant aux Cieux
Ses soupirs langoureux,
A Jamais-las il fait signe, & l'appelle
Cher amis fidelle,
Vien je veux ici
Te conter mon souci :

II.
C'est fait de moi la perfide Silvie
Ma meilleure amie,
Rend dans ce moment
Un Cordelier content ;
Qu'a-t-il donc fait ce Traître pour lui plaire ?
De ce temeraire
Vertû de mon nom
Je veux avoir raison ;

Dans

III.

Dans le moment retrouſſant ſa mandille,
D - - d'amour ! le drille
Tira de l'étui,
Un formidable outil
Nous allons voire, dit-il, au Frere Carme
Par de telles armes,
L'honneur du Convent
Reparé dans l'inſtant.

IV.

Il part il vole, il va prendre la Nonne,
Quoi donc ! la mignonne,
Es-tu le gibbier
D'un gueux de Cordelier ?
Puis adreſſant à ce Gars la parole,
Voudrois-tu mon drolle,
Diſputer le pas
Au Frere Jamais-las ?

V.

Le Cordelier pâlit, & s'effarouche
Et craignant la ſouche,
Lui dit d'un ton doux,
Monſieur que voulez-vous ?

QPour

Pour le Convent raiſon je te demande,
Ton audace eſt grande,
Avec Andouillard,
D'ôſer prendre ta part.

VI.

Fuis de mes yeux, mais vien toi, ſoëur Silvie,
Il me prend envie
De te faire voir
Uu peu de mon pouvoir ;
Sur le Chalit, la culbute, & ſans peine,
Paſſe la douzaine
A revoir demain
Je ſerai mieux en train ;

VII.

Beautés pour qui le froc a tant de charmes,
Rendez donc les armes
A ce fier vainqueur
Du froc il a l'honneur ;
Qui mieux que lui peut èteindre les flames
Dont brûlent vos ames ?
Croire aux Gris-vêtus,
Ma foi c'eſt un abus.

CHAN-

CHANSON,

L'Autre jour deſſus cet ormeau
J'étois ſeulete,
Un Berger bien fait, & beau
L'honneur de cet hameau,
Vint me compter fleurette
Je le repouſſai d'abord,
Mais il fut le plus fort.

II.

Au Berger je fis amitié
Sans le connoître,
Je crûs que c'étoit pitié
L'amour fut de moitié,
Et bien-tôt fut le maître
Je voulus me retirer
J'eus peur de m'égarer ;

III.

Sur l'Herbette il me renverſa
Preſque pamée,
Auſſi-tôt il ſe plaça
Je ſentis qu'il gliſſa,
Je fus toute enflammée,

Q 2

J'eus

J'eus beau bondir ça, & là
Jamais ne recula ;

IV.

Je criai pour l'épouvanter
Peine inutile ;
Il se mit sans se lasser
Droit à recommencer,
Tant il étoit habile,
Mes cris devinrent soupirs
Et mes peines plaisirs.

V.

C'en est fait de ma liberté
Je rend les armes ;
J'aime une jeune béauté
Jamais divinité
N'assembla tant de charmes ;
D--- d'amour protege moi
Je serai tout à toi.

CHANSON.

UN jour le mari dit a sa femme
Souperons nous, ou fairons nous le
deduit ?

Tout

Tout ce qui vous plaira, lui dit la femme ;
Mais le fouper n'eft pas encore cuit.

CHANSON.

B Andes tu Colin ?
Montre moi ton engin,
Et tu dans le deffein
De me fo--re en plain ?
J'ai le C--- petit,
Et fuis feure que ton V---t,
Quoi que grofs & long,
N'irà pas au fond ;
A ton âge
Quel dommage
De n'avoir point des défirs,
Sous ma cotte
Prend ma motte
Et tout à loifir
F--ons, quel plaifir ! *bis.*

II.

Tes defirs font trop longs
Pouffe, Pouffe il eft tems ;
Fo---û chien je te vais chanter pouilles

Si ta coüille
Ne me moüille,
Je te coupe net
Ton f---û paquet.

CHANSON.

Suite de Bandes tu Colin.

JE bande Catin,
  Vois tu mon Engin ?
Je suis dans le deffein
De te fo--re en plein ;
Si tu l'as petit
Compte bien que mon V--t
Comme il est gros & long
Ira tout au fond,
A mon âge
En partage,
J'ai les plus ardents defirs ;
Haut la cotte,
Sur ta motte
Je veux à loifir
F--re à mon plaifir. *bis.*

Je

II.

Je bande Catin

Mes defirs font ardens ;

Poufferai-je ? il eft tems,

Bougreffe je te vais chanter pouille ;

Prend ma coüille

Qui te moüille,

En déchargeant net,

Deffus ton paquet.

Je bande Catin, *bis.*

CHANSON. *même Air.*

FOu--re du C--in,
C'eft pour mon Engin

Un reduit trop vilain,

Je decharge en plein,

Et branlant mon V---t

Je lui fais du depit

Il me fort de la main

Dans un beau deffein,

A mon âge

On eft fâge

Et on n'a point de defirs,

Pour

Pour la motte,
Que la cotte
Pourroit à loisir
Quel fo---û plaisir
Fo---re du Co--in.

II.

Je prens fort bien mon tems
Je contente mes sens,
Souvent moi-même je me chatoüille
Et ma coüille
Ne me moüille,
Qu'en déchargeant net
Dessus mon Paquet,
Fo--re du Co---in.

CHANSON. même Air.

Laisse aller ma main
Mon petit Lutin,
Vas n'apprehende rien
D'un transport badin,
Lors que dans un coëur
L'amour devient vainqueur,

Doit-

Doit-on de la raison
Suivre la leçon
Non, non,
Ah ! cruelle,
Ta prunelle
M'afsûre de mon pardon,
J'y vois naître,
J'y vois croître
Un defir frippon
L'amour m'en repond, *bis*.

II.

Je te puis menager,
Un plaifir fans danger
De mon doigt la fouplefle eft extrême,
Fais de même
Si tu m'aimes,
D'un poignet leger
Viens me foulager
Laiffe aller ma main.

CHANSON.

COuilles font chofes très-belles.
Et de grande dignité,
On ne peut jamais fans elles

R

Par-

Parvenir à la Papauté.
C--, C--, C-- fo--û C--
Useras tu toujours mes couilles ?
C--, C--, C--, fo--û C---
Useras tu toujours mes couillons ?

CHANSON.

Air, quand le peril est agreable.

Voyez des Couillons que je porte
Quelle est la noire trahison ?
Lorsque leur Maître est en prison
Ils dansent à la porte.

CHANSON.

Air, aimable Vainqueur.

Mon petit Fanchon
Toi être bien jolie Fille,
Moi faire bien
Moi faire bien,
Tu m'entends bien,
Moi je sçai bien,
Que sous ta cotte gentille

Petit

Petit Peton,
Joli téton,
Petit merliton ;
Et moi dans mon culotte,
Jamais n'y aurai des guenilles
Si tu voulois,
De ce foir,
Ferai mon devoir, *bis.*

CHANSON.

LEs trois Parques amoureufes,
Ces trois belles fo---fes
Aiment le V---t badin,
Au tour de leurs quenoüilles
Filent du poil des couilles
Pour du chanvre, & du lin.

II.

On fo--t par tout le monde
Sur la terre, & fur l'onde,
Et même dans les Cieux ;
Jupin fo--t Ganimede,
Et Perfée Andromede
A la barbe des Dieux.

R 2

CHAN-

CHANSON.

L A haut fur ces montagnes
Un Village il y a,
Un Vi-- un Vi-- Mefdames,
Un Village il y a ;
Le Con - le Con-- Mefdames,
Le Concert s'y tiendra ;
Le Cu-- le Cu-- Mefdames,
Le Curé y viendra,
Son Vi-- fon Vi-- Mefdames
Son Vicaire y fera.

CHANSON.

T Rois Dames de condition, *bis.*
Voulant faire colation
Auffi-tôt on leur donna
De Con, Con--combres plein un plat
Que de Vi--, que de Vi--naigre il faudra,
Pour tous ces Con--combres là ;

CHANSON.

L E Papillon en amourette
Vole,
De fleurette, en fleurette

Crainte

Crainte de se laisser toucher ;
Et l'habile Coquette,
            Voltige,
D'herbette en herbette,
Pour ne pas s'attacher ;

CHANSON.

UNe Femme d'humeur égale
Et des Amans heureux discrets,
C'est la Pierre Philosophale
Que l'on ne trouvera jamais ;

II.

Un Gascon d'humeur liberale,
Un Normand fuiant les Procés,
C'est la Pierre Philosophale
Que l'on ne trouvera jamais.

CHANSON.

QUand une fille est à la table,
Elle n'a jamais d'apetit ;
Mais quand Elle est dedans un lit,
Elle est gourmande en Diable.

Autre

Autre.

UNe jolie Cabarettiere,
  Acheta un lit vint écus,
Elle en gagna cinq-cent deſſus ;
Ah ; la grande Uſuriere.

CHANSON.

DAns un colation
  Où j'étois je vous jure
Chaqun avoit ſon Macaron,
Et ſes mains toutes pleines de Con---
      Fitture, fitture, fitture.

CHANSON.

SIlvie ne fais pas tant la fiere
  Et ne te diſtingue pas tant ;
Ton pere étoit Apoticaire,
Un de tes plus proches Parents,
Donnoit des Clyſteres par derriere,
Et toi tu le prend par devant.

CHAN-

CHANSON.

A Cana Festin notable
Où l'on vuida les tonneaux,
D--- qui fut toujours à table
Permit-il qu'on but de l'eau ?
Le vin manqua, dit l'Histoire,
Ah ! vrai D--- quel chagrin !
D--- pour nous faire encore boire,
Nous fit changer l'Eau en Vin.

CHANSON.

A Mis ne parlons plus de guerre,
Parlons d'amour ;
Confacrons à D-- de Cythere
Nos plus beaux jours.
Quand on a du vin de Champagne
Et fa Cloris,
On fe f--t d'aller en Campagne,
Vive Paris.

II.
Enfans qui aimez la debauche,
Venez chez moi,
L'on y boit à droit, & à gauche,

Toute

Toute à la fois,
Et de Bachus fuivons la traces
De point en point,
Jamais l'amour n'aura de place,
Ni de temoins.

CHANSON.

UN Bucheron fendant du bois,
Ne fe donnoit point de relâche,
Et difant (hém) à chaque fois
Qu'il donnoit un grand coup de hâche ;

II.

Sa femme craignant quelque entorce,
Dit, à quoi bon (han) fi fouvent ?
Han, dit-il, augmente la force
E le coup entre plus avant.

III.

La nuit le bon homme joyeux
Voulant rire avec fa femme,
Mon mari, dit la bonne Dame,
Faites (han) il entrera mieux.

IV.

Ho non, dit-il, fans attendre
Ce feroit (han) & tems perdû ;

Mon

Mon deſſein n'eſt pas de le fendre,
Car tu ne l'as que trop fendû.

CHANSON.

JEunes gens de Paris
Qui aimez tant vos aiſes,
Quand il n'y a point de lit,
Faite-le ſur des chaiſes
L'amour, la nuit, & le jour.

CHANSON.

PArmi les Moſquetaires
Les goûts ſont differents,
Les uns baiſent par derriere,
Et les autres par devant.

CHANSON.

DEffiez vous de ces gros nés,
Ces gros nés de bonne augure,
Il arrive aſſez ſovent, *ture, lure,*
Que le reſte eſt en mignature,
Et Robin. *ture, lure, lure.*

    CHAN-

CHANSON.

QU'on me rejoüit bien,
Quand on prend mon joli gentil petit---
Qu'on me rejoüit bien,
Quand on prend mon chien,
Tu peus en approcher,
Beau Berger fans danger,
S'il mord ce n'eft qu'en badinant
Mon bichon n'a point de dents.

CHANSON.

QUe Colombine eft belle,
Que j'en fuis amoureux
Si Elle m'étoit fidele,
Je ferois trop heureux ;
Mais c'eft une frippone
Qui me trompe fouvent,
Au Diable je la donne.
Qui l'emporte hardimment.

II.

Quand je lui dis ma belle
Je n'adore que vous,

Je

Je penfe me dit Elle,
Que vous devenez fou,
Croyez-vous qu'à vous plaire
Je mette tous mes foins ?
Non, non c'eft à vous faire
Ne m'entendez-vous bien.

III.

La Femme la plus fage
Fait fon mari Cocù,
Je me trompe j'enrage
Je veux dire jaloux,
N'en prenez point ombrage,
Arlequin mon Fpoux,
Tous les gens du Village ,
Le font tous comme vous ;

IV.

Bien des Voifins je gage
Qui fe moquent de vous,
Portent vôtre plumage,
Et chantent comme vous,
L'agreable ramage,
Cou, cou, cou, cou, cou, cou,

Pour

Pour un Oiſeau ſauvage
Que leur langage eſt doux !

V.

Que nous ſert il de feindre,
Et cacher nôtre mal,
Nous avons tout à craindre
De ce bel animal,
Une Femme modeſte
Fait ſon mari Cocû,
Et ſouvent la plus peſte
N'en peut venir à bout.

VI.

Allons mes chers bon freres,
Allons, conſolons nous
Puiſqu'il eſt neceſſaire,
Que nous ſoyons Cou, Cou,
Chacun dans nôtre cage,
Chantons comme des foux
La chanſon du menage,
Cou, cou, cou, cou, cou, cou.

VII.

Vien ci ma Colombine,
Vien ci ne gronde point,

Je

Je verrai la voiſine,
Tu verras le voiſin,
Je te ferai cornette,
Tu me feras cornû,
Et le paix ſera faite
Nous n'en parlerons plus.

CHANSON.
En Patois Languedocien.

AHi ! mouſû que ſias importunas,
Levas da qui la man me touquez pas
    lou bas,
Jeou vezi venir ma Maire,
Que como à quo lou vou pas ;
Me farias battre peccaire,
Ahi ! Ahi ! ſias fou-revas
Lou voli pas faire quan me tuerias.

CHANSON. *Pattois.*

TOn himeur eſt Catherene
Plus aigre qu'un Citron verd,
On ne ſçait qui te chagrene
Ni qui gane, ni qui perd,

Qu'on

Qu'on ſoit ſage, ou qu'on badene,
Avec toi c'eſt choux, pour choux,
Come un vrai fagot d'Eſpene
Qui pique par tous les bous.

II.

Quand je parle tu t'offences,
Tu gronde ſi je me tais,
Lorſque je me plains tu dances,
Quand je ris tu te deplais
A tes oreilles mal faites,
Mes chanſons ne valent rien,
Et ma tant douce muſette,
N'eſt qu'un inſtrument de rien.

III.

Cependant quoi que tu diſe
Je ne puis quiter ces lieux,
Et quoi que tu me mépriſe
Par tout je cherche tes voëux,
J'en veux du mal à moi-même,
Mais quand on eſt amoureux,
Un cheveu de ceux qu'on aime
Tire plus que quatre beufs.

CHAN-

CAANSON.

D--- des Raiſins ceſſe de pretendre
De m'arracher au D-- des Amour,
C'eſt en vain que pour me ſurprendre,
Tu viens exprès m'enivrer tous les jours,
De ma Fanchon il me ſouvient toujours.

CHANSON. *Vaudeville.*

COntre un engagemment
Je me crûs affermie,
Mais Daphnis eſt charmant,
Et j'en fis la folie
Dès qu'il m'eut attendrie,
L'ingrat fut inconſtant,
Le bonheur de ma vie
N'a duré qu'un inſtant.

II.

Plaire & ſentir l'ardeur,
D'un amour veritable
A tout autre bonheur
Me parût preferable;
Raiſon peu ſecourable,

He-

Helas ! peus tu fouffrir ?
Qu'un bien foit peu durable
Faifant tant de plaifir.

III.

Amans vôtre bonheur
N'eft enfin qu'un menfonge ;
Mais quelle aimable erreur
Lorfqu'Elle fe prolonge !
Ah ! fi tu me replonges
Amour das ce fommeil
Que je faffe un beau fonge,
Sauve moi du reveil.

CHANSON.

L'Autre jour dans un Feftin
Loin de la peine que vous me faite,
Je jurois le verre en main,
De n'avoir pas d'amourette ;
Mais helas ! je m'aperçois bien,
Qu'il faut tôt ou tard que l'on aime,
Ouï vraiment je m'aperçois bien,
Qu'il ne faut jurer de rien.

II.

Vous qui foumettez mon coëur
Sans regarder tant d'empire,

N'au-

N'aurai-je pas la douceur
De vous entendre un jour dire,
Ouï vraiment je m'aperçois bien,
Qu'il faut tôt ou tard que l'on aime,
Ouï vraiment je m'aperçois bien
Qu'il ne faut jurer de rien.

CHANSON.

MA Maitreſſe infidele,
Aime le gros Lucas, ah, ah, ah,
Ma foi tant pis pour Elle.
Je n'en plurerai pas, *ah, ah, ah,*
Pour en perdre la memoire
Dans le fleuve d'oubli, *Beribi,*
Je veux boire; *bis. - - - - fin.*

II.

A toute heure à ma porte
Sont nouveaux Créanciers, *eh, eh, eh,*
Que le Diable emporte
Qui ſonge à les payer, *eh, eh, eh,*
Pour en perdre la memoire, *&c.*

III.

Nôtre mari careſſe
Ma ſervante Margot, *oh, oh, oh,*

T   J'en

J'en mourois de tristesse
Sans son valet Pierot, *oh, oh, oh,,*
Pour en perdre la memoire, *&c.*

IV.

J'avois pris femme laide,
Pour n'être pas cocû, *u, u, u,*
Mais c'est un vain rémede
Et j'en suis convaincû, *u, u, u,*
Pour en perdre la memoire, *&c.*

V.

Je compte sur la piece
Puis que vous avez ris, *y, y, y,*
Si quelque endroit vous blesse
Et n'a pas reüssi, *y, y, y,*
Pour en perdre la memoire. *&c.*

CHANSON.

QUe chacun de nous se livre
Aux plus aimables transports,
Et n'attendons point pour vivre,
Que nous soyons chez les morts,
De fleurs couronons la tête,
Et pour mieux passer ce jour

Invi-

Invitons à nôtre fête,
Bachus, & le Dieu d'amour.

II.

Vos yeux charmante Themire,
Lancent mille traits Vainqueurs
Profitez de cette Empire,
Qu'ils vous donnent fur les coëurs ;
Ce n'eft pas affez de plaire
Il faut fe laiffer charmer,
La gloire d'être fevere,
Ne vaut pas le bien d'aimer.

III.

Aux erreurs de l'efperance
N'immolons pas nos defirs,
Le moment fatal s'avance,
Qui détruit tous nos plaifirs.
L'Amour. aux Royaumes fombres
Ne porte pas fon flambeau,
On n'embraffe que des ombres
Et l'on y boit que de l'eau.

IV.

Rions de lerreur extrême,
De ce fage prétendû

Tou-

Toujours contraire à lui-même,
A s'attrifter affidû ;
Qui fidel à fon fyftême
Dans un douteux avenir,
Il cherchoit le bien fuprême,
Contentons nous d'en joüir.

CHANSON.

AH ! qu'un Amant auprès de vous,
   Pafferoit bien fa vie ;
Mais vous n'aimez que vôtre Epoux,
   Quelle étrange folie !
Quitez, Quitez cette foibleffe
   Car ce n'eft pas là, croyez-moi,
Qu'on trouve un certain je-ne-fai qu'es-ce,
   Qui caufe un certain je-ne-fai quoi ;

II.

L'amour perd toute fa douceur
   Quand la raifon le guide,
Le devoir rallantit l'ardeur,
   Et le rend infipide,
Mas quand un tendre Amant vous preffe
   C'eft un grand plaifir par ma foi,

De

De joindre un certain je-ne-fai qu'eſt-ce
Avèc un certain je-ne-fai quoi.

CHANSON.

L'Enfant gâté de l'aimable Cythere
Gronde, & fait bruit quand il eſt près
de vous,

Laiſſez-lui faire un peu joux, joux ;

Et pretez-lui certains petits bijoux,

C'eſt du bon, bon, propre à le faire taire.

II.

L'on dit par-tout que je cherche à vous plaire,

Que dès mes yeux vous faites tout l'objeſt.

J'en fais miſtère, je ſuis diſcret,

Mais belle Iris l'amour fait mon ſecret

C'eſt un enfant qui ne ſauroit ſe taire.

III.

Charmante Iris ſans crainte de murmure

Bois quatre coups de ce jus precieux,

Et je te jure par tes beaux yeux,

Que quand la nuit aura voilé le jour

Quatre autres coups finiront l'aventure.

Je

IV.

Je n'ai jamais bandé comme je bande
Mon V--t pour toi écume de fureur,
Il te demande par sa roideur
Que ton C-- veuille abbâtre sa roideur,
Ou qu'en tes mains sa liqueur se repende.

CHANSON.

Air, la lure.

LE Pape sur Velin, mon Cousin,
A fait écrire un livre
Qui contient en Latin, mon Cousin,
Le secret de bien vivre, mon Cousin,
Voilà mon Cousin la lure, mon Cousin,
Voilà mon Cousin la lure ; *fin.*

II.

Le Docteur Girardin, mon Cousin,
A Composé l'ouvrage,
Le Pape de sa main, mon Cousin,
A signé chaque page, mon Cousin,
Voilà mon Cousin la lure. *&c.*

III.

Que sert l'amour Divin, mon Cousin,
Dit ce livre admirable   Le

Le salut est certain, mon Cousin,
Par la crainte du Diable, mon Cousin,
Voilà mon Cousin, &c.

IV.

Abus d'un vieux Chrêtien, mon Cousin,
Que la grace Celeste
Chaqun' a pour le bien, mon Cousin,
De la grace de reste, mon Cousin,
Voila mon Cousin, &c.

V.

Si quelque Augustin, mon Cousin,
Oppose l'Evangile,
Il est digne du lien, mon Cousin,
Le moins c'est qu'on l'exile, mon Cousin,
Voilà mon Cousin, &c.

VI.

Aux graces Tambourin, mon Cousin,
Bornons nôtre Lecture
On devient libertin, mon Cousin,
En lisant l'Ecriture, mon Cousin,
Voilà mon Cousin, &c.

VII.

Quand le foudre Romain, mon Cousin,
Un Prince excomuniet,

Du

Du serment le plus saint, mon Cousin,
Ses sujets il deliet, mon Cousin,
Voilà mon Cousin, &c.

VIII.

Le Parlement mutin, mon Cousin,
S'oppose à ce precepte,
Mais le Roi plus bening, mon Cousin,
Ordonne qu'on l'accepte, mon Cousin,
Voilà mon Cousin, &c.

IX.

Tenons donc pour certain, mon Cousin,
Que le Roi pour sa science
Du livre voit le fin, mon Cousin,
Pour le bien de la France, mon Cousin,
Voilà mon Cousin, &c.

Autre, *même Air*.

NOtre Curé Laurent, mon Cousin,
Se plaît dedans sa Cure
Le jour il a du vin, mon Cousin,
La nuit la Creature, mon Cousin,
Voilà mon Cousin, &c.

II.

Le jour il a du vin, mon Cousin,
La nuit la creature,
Il nous parle sans fin, mon Cousin,
Du pêche de luxure
Du sexe femenin, mon Cousin,
Voilà mon Cousin, &c.

III.

Il nous parle sans fin, mon Cousin,
Du pêche de luxure,
Du sexe femenin, mon Cousin,
Il connoît la nature,
Voilà mon Cousin, &c.

CHANSON.

Margot m'a montrê son C--l
Oh vertu-bleu qu'il est drôle !
Elle me l'a montré je l'ai vû,
Oh vertu-bleu quel drôle de C--l !
Oh vertu-bleu qu il est drôle ;

II.

Elle me l'a montré je l'ai vû
Oh vertu-bleu qu'il est drôle !

V

L'un

L'un eſt rond l'autre eſt fendû,
Oh vertu-bleu quel drôle de C--l!
Oh vertu-bleu qu'il eſt drôle !

III.

L'un eſt rond l'autre eſt fendû,
Oh vertu-bleu qu'il eſt drôle!
J'ai pris mon V.--t bien tendû,
Oh vertu-bleu quel drôle de C--l !
Oh vertu-bleu qu'il eſt drôle !

IV.

J'ai pris mon V--t bien tendû,
Oh vertu bleu qu'il eſt drôle !
Je l'ai mis dans le fendû,
Oh vertu-bleu quel drôle de C--l !
Oh vertu bleu qu'il eſt drôle !

V.

Et je l'ai mis dans le fendû
Oh vertu-bleu qu'il eſt drôle !
Le Broüet s'eſt rependû,
Oh vertu-bleu quel drôle de C--l!
Oh vertu-bleu qu'il eſt drôle !

VI.

Le Broüet s'eſt rependû
Oh vertu-bleu qu'il eſt drôle!

Le

Le long de la raye du C--l,
Oh vertu-bleu quel drôle de C--l!
Oh vertu-bleu qu'il eſt drôle!

CHANSON.

JE bois du ſoir juſqu'au matin
  Pour oublier ma Climene,
Mais quand j'ai le verre en main
Je ſens croître ma peine,
Et non-- non le vin ne guerit pas
Les maux que je ſent pour Climene.

CHANSON.

JE revois cette Nuit ma charmante Silvie
  Qu'avec vous je couchois,
Et j'en fis la folie,
Mais quelle fut ma ſurpriſe,
Helas ! à mon reveil,
De voir dans ma chemiſe
L'erreur de mon ſomeil.

CHANSON.

QUatre petits C--- dans un panier
  Et quatre V--ts qui dancent,

La

La Maîtreffe eft dans fon lit,
Je la f--e à la cadence.

CHANSON.
Ronde de Table.

Buvons à l'Hôte de céans,
   Buvons tous à la ronde,
Oublions dans ce moment
Tout le refte du monde.

II.

Que manquet-il dans ce féjour,
   Pour contenter nos ames ?
Je tiens Bachus, & vois l'amour
   Dans les yeux de ces Dames ;

III.

Dans ce féjour delicieux
Reftons long-tems à table
Que les mortels y font heureux,
Que l'Hôtefse eft aimable ;

IV.

Amis fans regretter Paris
   Où tout plaifir abonde
Avec du vin, & mon Iris
   J'irois au bout du monde,

V.

Vivons comme le voisin vit.
  Sa maniere est aimable,
Sa Femme est la Maitresse au lit,
  Et lui le Maître à table.

VI.

Que j'estime mon cher vosin
  L'honneur de te connoître!
Chez toi l'on y boit de bon vin
  J'y voudrois toujours être.

CHANSON, de même.

COmpagnon je te reveille,
Donne moi, donne moi cette bouteille
Pleine de jus de la treille,
Que Noah nous a planté ;
Donne moi, donne moi cette bouteille
Que je boive à ta santé.

II.

Ah que j'aime ce breuvage
Versez-en, versez-en davantage,
Rougissons-nous le visage,
Du Vermillon du Buffet ;

Versez-

Verſez-en, verſez-en davantage,
Et bois après comme j'ai fait.

III.

Ah que j'aime cette guerre !
Verſez-en, verſez-en dans mon Verre
Et m'a-t-il jetté par terre ?
Je le veux mettre en Priſon
Verſez-en, verſez-en dans mon verre,
Et qu'on m'en faſſe raiſon.

IV.

Chevaliers de la table ronde
Verſez du vin à tout le monde
Faites encore un tour la ronde ;
D--- qu'on eſt aiſe quand on boit !
Verſez du vin à tout le monde,
Et m'en gardez un petit doigt ;

V.

Eſcrimeurs de la machoire,
Ah que ce vin eſt bon à boire !
Perdons ici la memoire
De tous nos chagrins paſſes,
Ah que ce vin eſt bon à boire !
Ne diſons jamais, aſſez.

CHANSON.

M On mari que faites vous ?
Vous me perçes la cuiffe,
Je crois que vous êtes fou
De ne pas trouver par-où
    Je piffe, je piffe.

CHANSON.

O U allez-vous Monfieur l'Abbé,
Vous allez-vous caffer le nez ?
Vous allez fans chandelle, eh bien,
Voire les Demoifelles vous m'entendez bien.

II.

De quoi mefdames vous melez vous ?
Si je vais me caffer le cou
Je porte ma chandelle, eh bien,
Deffous ma foutanelle, vous m'entendez bien.

CHANSON.

J E n'ai jamais de ma vie
    Bu avec tant de plaifir,
Le vin, & la Compagnie,
    Tout repond à mes defirs ;

Il me reste encore en tête
    Qnelque idée de ma Nanette,
Mais elle en decampera
    Et Bachus y entrera.

II.

Quand Moïse fit defence
    De baiser la femme d'autrui
Il donna pour recompence
    Plusieurs femmes à un mari.
A present qu'on n'en a qu'une,
    Blonde quand on la veut brune,
Peut-il être défendû ?
    De faire son voisin cocû.

CHANSON.
Air, la lure, mon Cousin, &c.

LA belle Jannetton, mon Cousin.
    A table fait merveille
Un brcc de vin, tout-à-coup, mon Cousin,
    Disparoit devant Elle. mon Cousiin,
Voilà mon Cousin la lure, mon Cousin,
    Voilà mon Cousin la lure. - - - - fin.

Que

II

Que les plus forts buveurs, mon Cousin,
   Lui cedent la victoire
Cochers, & Postillons, mon Cousin,
   Apprenent d'Elle à boire, mon Cousin,
Voilà mon Cousin, &c.

III.

Après avoir bien bû, mon Cousin,
   Est Elle un peu traitable,
Morbleu à table au lit, mon Cousin,
   Elle est infatigable, mon Cousin,
Voilà mon Cousin, &c.

CHANSON.

COlin à la Chasse
  Au bord d'un Vallon,
En certaine place
Vit un Herisson,
Et tout au plus vîte
son fusil leva,
Pour tirer au gîte
Sur cette bête là.

X

Avec

II.

Avec l'affûrance
Dont il eft guidé,
Il marche s'avance
Son fuzil bandé ;
Il vize il ajoufte
Et d'un coup heureux,
Il décharge jufte,
Et le fend en deux ;

III.

La décharge faite
Il n'étoit pas mort,
La maligne bête
Fretilloit encor,
Je-ne-fai que dire,
De tous les efforts,
De nouveau il tire
Sans donner la mort.

IV.

Ce coup fut de même,
Et alors Collin
Crût qu'au troifiéme,
Il verroit la fin ;

Il tire s'efforce
Pour le dernier coup,
Mais toutes ſes forces,
N'en vinrent point à bout ;

V.

Colin que murmure
Dit avec raiſon,
Que ta vie, eſt dure,
Maudit Heriſon
Il faut me reſoudre,
A te laiſſer là,
Je n'ai plus de poudre,
Tire qui pourra.

CHANSON.

A La foire de Charanton
La foire aux V--ts,
La foire au C--s,
Les moines de St. Denis,
Venus y font --- *bis.*
Avec leur V---ts pendants
A leurs Cordons ----- *bis·*

X 2

Les

Les Cordons se font rompus
Les V---ts s'en vont --- *bis*.

II.

Si vous eussiez vû ces pauvres V--ts
Comme ils alloient
De C--- en C---
De C--l en C--l,
Si vous eussiez vû
Ces fichux C---s
Comme ils gobboient, --- *bis*.
Ces pauvres V---s
Jusques aux C---ns. --- *bis*.

III.

Margoton dit à Fanchon,
Ah ! tenons bon, ---*bis*.
Voici venir un renfort
De Cinq cent C--s,
Fussent-ils dix mille V--ts,
Nous les battrions --- *bis*.
Tous les V--s se font rabâtus,
Et pas un C---, *bis*.

CHANSON.

JE ne vais plus à l'Opera,
    Maman m'a defendu cela
Les airs y font trop tendres, eh bien,
Je m'y laifferois prendre
Vous m'entendez bien.

CHANSON.
En pattois Languedocien.

LAs Caftagnes dou brazié
    Petont quan font pas mourdoudes,
Las Filles de Montpellié
Plouron quan font pas foutudes
Ay, ay, ay--- ay, ay, ay Janette,
    Janette ay, ay, ay ; *fin.*

II.

Janette fi me creziez
T'en an iriez en Efpagna,
Pafferiez à Perpigna,
Et veiriez las Catalanas,
Ay, ay, Ay, - - - *&c.*

III.

De Janette non men chau,
Tenne un bon gage d'Elle

Li tenne un mouchoir blau,
Tout entourat de dentelle,
Ay, ay, ay, - - - &c.

IV.

Lou courat de Bouttounet,
Dizon que ny vey pas goutte
Crezen de Bride lou moulet,
Bridet laze qui vous f--tte,
Ay, ay, ay, - - - &c.

V.

Janette si te teniez
Dans une Cambrette obscure,
Que le Clau fuges perdue
Trouverié been l'ouverture,
Ay, ay, ay, - - - &c.

CHANSON.

Vive les Eaux de Campagne
Vive les Eaux,
Elles guérissent de tous meaux
Vive les Eaux.

II.

L'Amant y suit sa Maitresse
Et le Dieu de tendresse,

Y

Y couronne ſes Travaux,
Vive les Eaux.

CHANSON.

J'Ai crû cette nuit que dans mon lit j'avois
Julie,
Que je la tenois, je la baiſois, & l'embraſſois,
J'allois à tâton le long de ſa cuiſſe jolie
Et des nos tranſports tous deux étions d'accord ;
Lorſqu'en m'éveillant dans ce moment je fus
bien duppe,
Je me deſolois d'en être pour les frais,
Ah ! ſi je parviens un jour à lui lever la juppe,
Ce malheur n'eſt rien
Elle le payera bien.

CHANSON.

A Vôtre juppe par derriere
Toute couverte de pouſſiere
A vôtre Chignon depoudré,
Vous en venez,
Vous en venez.
Ah ! je vois bien que vous en venez,
Que vous en venez, - - - *fin.*

A

A vôtre teint couleur de rose,
S'imagine-t-on d'autre chose
A vôtre habit tout chifonné,
    Vous en venez,
    Vous en venez, - - - &c.

CHANSON.

DE faire Cocus les Maris
N'est pas chose nouvelle,
Témoin l'Histoire de Paris
Et d'Helene la Belle,
Mais de joüer un mauvais tour
A un Amant fidelle,
Philis dans l'Empire d'amour,
C'est être criminelle.

II.

Bon Dieu vous avez bien voulù
Me donner une femme,
De vôtre main je l'ai reçûe
Pour être ma Compagne ;
Mais s'il plaît à vôtre bonté
Seigneur de la reprendre
Plus-tôt aujourd'hui que demain,
Ju suis prêt à la rendre.

CHAN-

CHANSON.

Quand je suis à table
Je bois comme un trou,
Quand Je suis au lit
Je f---s comme un miserable,
Qui n'a pas le sou.

CHANSON.

Un C-- se quarroit
Sur un Tabouret
Le V--- le regarde,
Pan, lui donne un souflet,
Ah, ah, ah, Minon,
Ah, ah, ah, Minet.

II.

Le C--- en colere
De la trahison,
Le prend par la barbe
Pan, le f--t en Prison,
Ah, ah, ah, Minet
Ah, ah, ah, Minon.

CHAN-

CHANSON.

Tircis un jour se promenant
Sur le bord d'un Rivage
Dit à Lisette en l'embraffant
Allons sous ces feüillages ;
N'y a-t-il point la, moyen mon petit coëur
D'en faire d'avantage ?   *fin.*

II.

Etant affis fur le gazon
A l'ombre du feüillage,
Il mit fa main fur les têtons ;
Quand on eft a vôtre âge
N'y a-t-il point la, moyen. *&c.*

III.

La main fur fon Joli têtons
Fit faire un bon ufage,
Le Berger allant à tâton
Trouva certain Boccage,
N'y a-t-il point - - - *&c.*

IV.

J'aperçois, dit-il, de l'amour
Le petit Hermitage,

Eft-

Eſt-il un plus charmant ſéjour !
J'y veus faire un voyage
N'y a-t-il point la - - - &c.

V.

Après s'être donné d'amour
Cinq, ou ſix témoignages,
On dit que la Belle à ſon tour,
Lui tînt ce doux langage,
N'y a-t-il point la - - - &c.

VI.

Tu reçevras de mon amour
De nouveaux témoignages,
Mais il faut vivre plus d'un jour,
Quand on veut être ſage ;
Il n'y a point la moyen. &c.

VII.

Fillettes aprenez ma Chanſon,
Profitez du bel âge,
Faitez-en comme a fait Alizon
Du charmant badinage,
On pourra avec vous ſans façon,
En faire d'avantage.

CHAN-

CHANSON.

F- -re de vous l'Angloife
   Vôtre C - - ne me plaît pas ; *fin.*
Il eft percé trop bas,
Il n'eft pas à la Françoife,
F--re de vous - - - &c.

II.

Branlez le V--t Therefe,
A Monfieur l'Intendant, *fin.*
Branlez lui doucemment,
Car c'eft un branle à l'aife,
Branlez le V--t, &c.

CHANSON.

POur paffer fa vie en délices,
   Il faut être, mon cher voifin,
Le matin entre deux cuiffes,
Et le foir entre deux vins.

CHANSON.

A [Force de tant raifonner,
   Le plaifir fe recule,
Ah ! laiffez-moi donc avancer

Quitez-

Quitez- vôtre fcrupule
L'Heure du Berger va fonner,
Voyez à ma pendule ;

II.

Tu crois m'attrapper tous les jours,
Je ne fuis pas credule,
Si je méprife tes amours
Ce n'eft pas par fcrupule,
C'eft que je crois qu'il eft toûjours,
Six heures à ta pendule.

CHANSON.

NE fommes nous pas bien fous,
Et de veritables duppes,
D'aller chercher fous les juppes,
Ce que nous avons chez nous ;
Avec ma main en cadence
Je prens des plaifirs parfaits,
Je f--s tout ce que je penfe,
Et mes fens font fatisfaits.

CHANSON.

AH ! que le f--re eft agréable,
On en devroit fervir à table

Ou

Ou bien à la fin du repas,
Sans le vin, & la f--rie
Ma foi je ne donnerois pas
Un viedaze de cette vie.

CHANSON.

A Paris dans cette grande Ville,
Etoit un Philofophe habile,
Qui prenoit du fexe un Ecû
Pour l'exercer à fon lan, laderirette
Qui prenoit du fexe un Ecû
Pour l'exercer à fa vertû.

II.

Si tôt qu'on eut fçu fa demeure
Filles, & femmes y furent fur l'heure,
Lui montrant avec leur Ecû
Beaucoup d'amour pour fon lan, laderirette,
Lui montrant avec leur Ecû
Beaucoup d'amour pour fa vertû

III.

Il vint d'abord un fringante
Qui dit d'une façon galante, .
Vite, & long-tems pour mon Ecû,

Donnez-moi de vôtre lan, laderirette,
Vite, & long-tems pour mon Ecû
Donnez-moi de vôtre vertû.

IV.

Il vint enfuite une Devotte,
Qui dit d'une façon bigotte,
Par charité pour mon Ecû
Donnez-moi de vôtre lan, laderirette,
Par charité pour mon Ecû
Infufez-moi de vôtre vertû.

V.

Il vint une Fille timide
Qui dit Maman eft fort rigide,
En cachette pour mon Ecû
Donnez-moi de vôtre lan, laderirette,
En cachette pour mon Ecû
Donnez-moi de vôtre vertû.

VI.

Il vint une vieille ridée
Qui vouloit être endoctrinée,
Mais il rebuta fon Ecû,
Et fon vieux gout pour fon lan laderirette;
Mais il rebuta fon Ecû,
Et fon vieux gout pour fa vertû

Vint

VII.

Vint une riche Agioteuſe,
Qui dit de façon dedaigneuſe
Quoi ! vous ne prenez qu'un Ecû ?
Qu'eſt-ce donc que vôtre lan, laderirette ?
Quoi ! vous ne prenez qu'un Ecû ?
Qu'eſt-ce donc que vôtre vertû ?

VIII.

Il vint auſſi une joueuſe,
Qui diſoit je ſuis malheureuſe,
J'ai tout joué, j'ai tout perdû
Ma reſource eſt à mon lan, laderirette,
J'ai tout joué, j'ai tout perdû
Ma reſource eſt à ma vertû.

IX.

Dans le fond de la ſolitude,
Ce diſoit alors une Prude
Qu'on eſt heureux pour un Ecû
D'avoir un ſi bon lan, laderirette,
Qu'on eſt heureux pour un Ecû,
D'avoir une ſi belle vertû !

X.

Paſſant par-là, dit l'hivrogneſſe
Peu curieuſe de tendreſſe,

J'aime

J'aime mieux boire pour mon Ecû

Le vin vaut mieux que le lan, laderirette

J'aime mieux boire pour mon Ecû,

Le vin vaut mieux que la vertû

XI.

Il vint à grande peine une avare

Difant que l'argent étoit rare,

Voulez-vous pour un quart d'Ecû ?

Me donner de vôtre lan, laderirette,

Voulez-vous pour un quart d'Ecû ?

Me donner de vôtre vertû

XII.

Il en vint tant de toute forte

Qu'il s'écria fermant fa porte,

Quartier parbleu je fuis rendû

Donnez relâche à mon lan, laderirette ;

Quartier parbleu je fuis rendû,

Donnez relâche à ma vertû.

C H A N S O N.

Lifette, & Tircis fe font battus,
En fçavez-vous l'Hiftoire,
Bachus, Venus, font accourus,

<table><tr><td>Z</td><td>Pour</td></tr></table>

Pour partager la gloire ;
Tircis a gagné le deffus,
Lifette la victoire.

CHANSON.

UN Confeiller, un Avôcat, & un Moine
   Me baifent tour-à-tour,
Le Confeiller quatre fois la femaine,
   Le Moine tous les jours ;
Et l'Avôcat il a la courte haleine,
J'aime mieux le moine, moi, J'aime mieux le
   Moine ;

II.

Au Coin d'un bois il étoit un Hermite,
   D'une agreable humeur,
Qui fort fouvent reçevoit la vifite
   D'un devote Soëur,
Il lui difoit en lui trouffant fa cotte,
J'entre dans ma Grotte, moi, j'entre dans ma
   Grotte.

CHANSON.

UN Carme buvant l'autre jour
   Aprés maintes chopines,

Si l'on me fait, dit-il, l'amour,
   Ma foi je me chagrine,
Que chacun boive à la santé
   De sa voisine ;

II.

C'est l'usage en nôtre Convent,
   D'avoir bonne Cuisine,
Et toujours quelque aimable Enfant
   Avec qui l'on badine ;
Que chacun prenne le bouquet
   De sa voisine.

III.

Alors une Belle aux yeux doux
   Ayant fait grize mine,
Morbleu, dit-it, tout en Couroux,
   Point ici de mutine ;
Que chacun donne un doux baiser
   A sa voisine.

CHANSON.

TRaversez, & la terre, & l'onde,
  Les Cornes vont comme le vent,
Vous les reçevrez promptemment

Qand

Quand vous iriez au bout du monde,
    C'eſt l'ouvrage d'un moment ;

II.

Une femme ſage, & fidele,
Ne ſe rend pas facilemment.
Aux tendres ſoins d'un jeune amant,
Mais dès qu'un gris vetû s'en mêle,
    C'eſt l'ouvrage d'un moment ;

III.

Aux Plumets une Brune échappe
Aux Gens de Robe égalemment,
Ils la pourſuivent vainemment ;
Dès qu'un petit Colet l'attrappe,
    C'eſt l'ouvrage d'un moment ;

IV.

Vous voyez aujourd'hui Liſette
Dans un ſuperbe ajuſtemment ;
Au moindre dégout de l'amant
Vous la revoyez en griſette,
    C'eſt l'ouvrage d'un moment ;

CHANSON,   *Menuet.*

AH ! que d'apas que d'attrais,
Dieux quel air vif, quel teint & frais,
            Ah !

Ah quel oëil frippon
Que joli menton
Que joli têton !
Que vois-je encore
Petit Peton
Genoux ronde,
Jambes bien faites ;
Ah ! qu'il eft joli le petit Minon!
Qu'il eft rufé
Peau fine, & blanchette,
Et le toupet frizé ;
Quoi donc le premier venu
Voit tant des charmes à nud !
Ah défend toi
Du moins laiffe moi,
Non mon cher coëur
Et pour Dieu ma Reine fait moi rigueur.

CHANSON.

Quand on vous fit
Mon aimable Climene,
Quand on vous fit
On fit la beauté même ;

Per-

Permettez-moi de grace
Qie ce que on fit, je faffe,
Quand on vous fit.

CHANSON.

NOtre bon Curé nous a dit
Qu'il faloit deroüiller ma Comere,
Nôtre bon Guré nous a dit
Qu'il faloit deroüiller fes houtis ;
Quand on en a faut s'en fervir,
Deroüillons, deroüillons, ma Comére,
Quand on en a s'en faut fervir,
Deroüillons, deroüillons nos houtis.

CHANSON.

LE C---l de Catin
Ne fe laffe qu'avec peine,
Quand il fe demcine
C'eft un vrai Lutin.

II.

Pour peu qu'on l'excite
Le drôle s'agite,
Et va fi grand train
Qu'il faut le prendre au crin.

Fran-

III.

François, ou Romains,
J'ai de quoi vous satisfaire
Devant, ou derriere
Je suis à deux mains ;

IV.

F---re du scrupule
Quiconque m'enc---e,
S'il fait mal, ou bien,
Ma foi je n'en sai rien.

CHANSON.

C Hers amis
Fuyons le mariage,
Le menage
Nous engage
En milles ennuïs ;

II.

En amour
Cherchons le badinage,
Il n'est pas sage
Qui s'engage
Plus d'un jour ;

Des

III.

Des foupirs
Renonçons à l'ufage,
L'advantage
De cette âge,
Sont les plaifirs ;

IV.

Les amours
N'ont jamais en partage,
Que la rage
L'exclavage,
Et les tourmens ;

V.

Mais le vin
Cet excellent bruvage,
Nous foulage
Nous degage
Du chagrin ;

VI.

Car en buvant
On a cette avantage
Qu'à tout âge,
Tout eft fage,
Tout content ;

CHAN-

CHANSON.

C'eſt un bijou
vôtre petit trou
Que j'aime par-deſſus tout ;
C'eſt un bijou
Belle Iris j'en deviendrai fou,   *fin.*

II.

Ah ! que mon fort feroit doux,
Si toujours aimé de vous
Je pouvois dire entre vos deux genoux,
C'eſt un bijou, --- *&c.*

CHANSON.

S Cavez-vous qui eſt cette belle,
Pour qui mon coëur eſt ſi fidelle
Et que j'aime ſi tendremment,
Cette beauté n'eut jamais de pareille,
Elle a mille, & mille aggrements
La puis-je nommer hardiment ?
     Dites qu'ouï,
     Dites qu'ouï,
C'eſt ma bouteille.

Aa

CHAN-

CHANSON.

ASsise sur l'herbette
J'ai rencontré la jeune Alizon,
Qui reposoit seulette,
Grands Dieux ! qu'il y faisoit bon ;
Je m'assis auprès d'Elle sur l'Instant
Nous étions loins des jaloux,
L'Amour étoit avec nous
Dans cet heureux moment,
Je la tenois serré entre mes bras,
Lors qu'il lui prit un Rougeur,
Et pour achever mon bonheur
Elle fit un faux pas.

II.

Areste cher Silvandre
Tu precipites tes desirs,
Ne veus tu pas attandre
Que je partage tes plaisirs ?
Ah ! que tu redoubles tes mouvements
Et je sent naître un ardeur,
Ah ! quelle douceur dans mon coëur
Arrête cher amant.

Helas

Helas ! je m'aperçois qu'il n'eſt plus tem
Je fais d'inutiles efforts,
Je m'abbandone à tes tranſports,
Acheve cher amant.

EPIGRAMEE.

UN jour que Madame dormoit
Monſieur baiſoit ſa Chambriere,
Elle qui cette dance aimoit
Remuoit fort bien la charniere,
Dont la Galante toute fiere
Lui dit ; Monſieur par vôtre foi,
Qui le fait mieux Madame, ou moi ?
C'eſt toi, dit-il, ſans contredit ;
Vraiment, dit-Elle, je le crois,
Car tout le monde me le dit.

La Rage d'Amour.

A Cupidon la belle, & jeune Aminte,
Malgré l'Hymen ſacrifioit toujours,
Son pauvre Epoux étoit toujours en crainte
Qu'Elle ne fit de nouvelles amours ;

Il ne pouvoit en fermer la paupieres,
Veilles, foucis, l'eurent tôt emporté,
Lui mort: Aminte en pleine liberté,
A fon humeur donna belle cariere ;
On en jafa, fon Curé crût devoir
L'en advertir ; vous, vous perdez Madame,
Changez de vie, ou c'eft fait de vôtre âme,
Helas ! Monfieur je voudrois le pouvoir,
Lui repondit la trop fringante Veuve ;
Mais plaignez-moi, tel eft mon afcendent,
Que je ne puis avoir l'efprit content,
Si chaque mois je n'ai pratique neuve ;
Cela me vient d'un accident fatal,
A quatorze ans d'un chien je fus morduë,
Chien enragé ; pour prévenir le mal
L'avis commun fut qu'il me falloit nuë
Plonger en mer, nuë on me dêpoüilla,
Honteufe alors de me voir fans chemife
Incontinent je portai la main la,
Où vous favez, fans jamais lâcher prife ;
On me plongea, mais qu'eft-il arrivé ?
C'eft que mon corps, O pudeur trop modefte!
Par tout ailleur du mal fut prefervé,
Hors cet endroit où la rage me refte.

CHANSON.

QUe vos yeux font vifs, & perçants !
   Qui redoublent, redoublent, redou-
     blent ;
Que vos yeux font vifs, & perçants,
   Qui redoublent l'ardeur que je fent.   *fin.*
      Je ne puis être
      Plus long-tems Maître
      Laiffez-moi mettre
Quelque ordre à des maux fi preffants,
Que vos yeux font vifs, --- &c.

CHANSON.

POur un feul coup mon aimable voifine
   Ne croyez pas que mari le devine,
Fut-il cent fois plus jaloux qu'un vieux Loup;
S'il vous paroît trifte chagrin, & morne
Vous lui direz que l'on ne porte point corne
     Pour un feul coup.   *bis.*

II.

Pour un feul coup lever le cul je n'ofe,
Pour cinq, ou fix quand on me le propofe,
               J'y

J'y prend plaisir, & le fais galamment ; .
Je ne sçaurois du moins me satisfaire,
Et ne sçaurois lever le cul du verre
Pour un seul coup.   *bis.*

CHANSON.

L A Jeune Janetton
En dépit de sa mére,
Se chattoüilloit le C---
Ne pouvant pas mieux faire ;
Dieu des amours
Viens au secours,
Sois honête envers son endroit, _
Et changeant ce qu'Elle voudroit,
Son joli doigt.   *fin.*

II.

Elle avoit grand besoin
Du secours ne Silvandre,
Mais Silvandre est trop loin
Pour la pouvoir entendre,
Dieu des amours, &c.

III.

Elle se sent brûler
De la plus vive flamme,

Elle

Elle voudroit aller
Jufqu'au fond de fon âme,
Dieu des amours, &c.

IV.

Qu'un Convent eft un lieu
Trifte pour une Novice,
Sans le doigt du milieu
Elle auroit la jauniffe,
Dieu des amours, &c.

V.

Tu qui pour Pigmalion
A leve tout obftacle,
Pourriez pour Jannetton
Faire un fecond miracle,
Dieu des amours, &c.

VI.

Sur les beautez d'Iris
Il faut chanter merveille,
Teint de Rofes, & de lis,
Et la bouche Vermeille,
Joli menton
Ferme têton,
Et petit tire, lire, _
Et petit toure, lure,
Et petit C - - - -

CHAN-

CHANSON.

A Dmire la vanité
D'un Apothicaire
Qui enrichi par fon metier,
Voulut être maire ;
N'auroit-il pas plus gagné ?
A toujous Clyfterizer
Entre les deux feffes, au gué,
Entre les deux feffes.

II.

Les malades de chez nous
Vont être bien fieres
De voir un maire à genoux
Devant leur derriere,
Chapeau bas pour faluer,
Certain trou qui eft fitué
Entre les deux feffes, au gué,
Entre les deux feffes.

CHANSON.

Que je regrette mon Amant
Jufqu'au trepas il fut fidelle,
Beau, jeune, bien fait, & charmant,
Des Amans le parfait modele ;   Daph-

Daphnis m'aimoit si vivement
Qu'il me plaisoit infiniment ;

II.

De son amour il me parloit
  Avec un douceur extréme,
Cent fois le jour il me disoit,
  Je vous adore, & je vous aime,
Il le disoit si tendrement
  Qu'il me plaisoit infiniment ;
Daphnis m'aimoit, le disoit si tendrement,
Qu'il me plaisoit infiniment ;

III.

Si quelquefois il m'arrivoit
  De m'endormir sur la verdure
Aussi-tôt qu'il m'apercevoit
  D'un baiser au moins j'étois sure,
Il le prenoit si doucement
  Qu'il me plaisoit infiniment,
Daphnis m'aimoit , le disoit, le prenoit, si
    doucement,
Qu'il me plaisoit infiniment ;

IV.

Si quelque fois je demandois,
  De son Flageolet un air tendre,

BbTout

Tout auſſi-tôt je le voyois,
   En jouer ſans me faire attendre,
Il le faiſoit ſi proprement
   Qu'il me plaiſoit infiniment ;
Daphnis m'aimoit, le diſoit, le prenoit, le
   faiſoit ſi proprement,
Qu'il me plaiſoit infiniment ;

V.

En mille points il excelloit
   Sur tout en gout pour la parûre,
Si par hazard il me manquoit
   Quelque choſe à ma garniture,
Il le mettoit ſi joliment
   Qu'il me plaiſoit infiniment,
Daphnis m'aimoit, le diſoit, le prenoit, le
   faiſoit, le mettoit ſi joliment,
Qu'il me plaiſoit infiniment.

VI.

Inutilement de ſon coëur
   J'aurois exigé les épreuves,
De la plus veritable ardeur
   Combien n'avois-je pas des preuves ?
Il m'en donnoit ſi frequemment
   Qu'il me plaiſoit infiniment,

Daph-

Daphnis m'aimoit, le difoit, le prennoit, le faifoit, le mettoit, le donnoit fi frequemment.
Qu'il me plaifoit infiniment.

CHANSON.
Air, c'eft le Prince d'Orange.

POur ton humeur folette,
    Iris je t'aimerai
Tu veux de la fleurette,
Et je t'en fou - - ma petite brunette
Et je t'en fournirai.

II.

Depuis qu'en Italie
J'ai paffé deux étés,
Admirez ma folie
J'aime les Cu - - la plaifante manie
Les curiofités.

III.

Iris dans un Boccage
Me difoit l'autre jour,
Qu'il falloit étre fage,
Je pris fon Con-- le plaifant badinage
Son Confeil à rebours.

Vôtre

IV.

Vôtre vigne eſt en frîche
Madame tout de bon,
N'en faites point la chiche,
Prenez un Vi-- qui vous rende ſervice
Prenez un Vigneron.

V.

Le Pére Dominique
Etant incommodé
De certaine colique,
Il prit un Con--- la drôle de pratique !
Il prit un conſommé.

C H A N S O N.

Proſerpine en couroux
Contre ſon cher Epoux,
Qui avec ſon V -- couleur d'Ebene
Fait en rouleau de Tabac,
F--oit en C--l tout d'une haleine,
Tous les Diables du Sabat.

CHANSON.
Air, Bandes tu Colin ?

EN Docteur ami,
Dit moi ton avis,
Sur le cas que voici
J'entre en grand souci,
Trois fois j'ai f---û
Ma Voisine en C - -l,
Mon Voisin qu'en dis-tu,
En est-il cocû ?
Les Jesuites so--tes,
Disent qu'il ne l'étoit pas,
La Sorbonne,
En raisonne,
Et sur ce plaisant cas
Fait un grand fracas,
C'est par le Mirliton,
Qu'on est cocû, dit-on,
C'est pour quoi nous lisons
Dans Brantome,
Qu'au Royaume
De Sodome,
Jamais de cocû
Ne fut connû.

CHAN-

CHANSON.

UN Berger qui pour moi foupire,
   Seulette un jour me trouvant,
   M'aprit un jeu fi joli fi charmant,
Que depuis je ne fais que dire,
   Ah ! qu'il eft doux, qu'il eft charmant
Le jeu qui m'aprit mon amant. *fin.*

II.

Tous les jeux de nôtre Village
   N'ont plus de charme pour moi,
   Je ne faurois pas bien vous dire pour quoi ;
Cela me plaît d'avantage,
   Ah ! qu'il eft doux, qu'il eft --- *&c.*

III.

Je croyois être moins habile,
   Qu'en effet je ne la fus,
   Quatre ou cinq coups tout au plus,
Me rendirent des plus habiles,
   Ah ! qu'il eft doux, qu'il eft --- *&c.*

IV.

Mais dites-moi Blondes, ou Brunettes,
   Vous qui vous laiffez charmer,

Dites

Dites qu'ouï & fans point déguifer,
Qu'il eft doux quand on le repete,
Ce jeu Mignon, ce jeu charmant,
Ce jeu qui m'aprit mon amant,

CHANSON.
Air, Bon foir la Compagnie.

Filles qui paffes par-ici
Crainte qu'on vous débauche,
Prenez moi par le bout du Vi --
Du Village à main gauche,
Du Village à main gauche.

CHANSON.

ETant affis un jour à boire avec Catin,
Je lui difois en lui verfant du vin,
Encore un coup qu'en peut-il arriver
Un coup de plus nous fera-t-il crever ?
Or ce proverbe à la Belle plût tant,
Qu'Elle me va fans ceffe repetant,
Encore un coup qu'en peut-il arriver ?
Un coup de plus nous fera-t-il crever ?

CHAN-

CHANSON.

LE Pape dedans sa grotte,
Quoique ce lieu soit divin,
Permet bien que l'on y rote
Les exhalaisons du vin,
    Par ainsi
    Dieu merci,
Puisque on boit si bien à Rome,
Au Palais de ce Saint Home,
Nous pouvons bien boire aussi ;

II

Un Casuiste que j'aime
Par ce bon vin alêché,
Dit qu'un buveur à l'extrême,
Ne meurt jamais en pêché,
    Car il croit
    Quand il boit,
De ce bon jus de la cave,
Que la Conscience se lave
Pour si sale qu'elle soit.

III.

Les Chanoines gros yvrognes
Les Doyens, & les Prevôts,

Font

Font bien paroître à leurs trognes
Qu'ils vuident verres, & Pots;
      A leurs nez
      Bourgeonnez,
L'on y voit comme en devife,
Que pour bien fervir l'Eglife,
Il faut être enluminé.

CHANSON.

Margot voulant m'en faire à croire,
Me juroit un jour fur fa foi,
Qu'elle ne vouloit plus de moi,
Si j'avois du penchant à boire ;
Soudain fans lui dire un feul mot,
Je courus au Cabaret en dépit de la belle,
Et bus toute la nuit, à tire-larigot,
Puis revenant ivre auprès d'Elle
Du vent de mon Chapeau j'éteignis fa chan-
    délie,
Et lui fis à taton de fi plaifants difcours,
Qu'elle me confcilla de m'enivrer toujours.

CHANSON.

J'Ai revé cette nuit qu'Isabelle
M'avoit fait present d'un Faucon,
Ah! que ce reve avoit de raison!
Trouver sa Maitresse infidelle,
N'est-ce pas trouver un Fau--con.

CHANSON.

Air, Reveillez-vous belle endormie.

REveillez-vous belle Dormeuse
Si mes transports vous font plaisir,
Mais si vous êtes scrupuleuse,
Dormez, ou feignez de dormir.

II.

Tandis que la raison sommeille
On aime sans y consentir,
Pourveu qu'amour ne la reveille,
Qu'autant qu'il faut pour le sentir.

III.

Ce que vous sentez n'est qu'un songe
Profitez d'une douce erreur,
Goutez les plaisirs du mensonge
Si la verité vous fait peur.

CHANSON.

Loin d'ici
Le chagrin, & le fouci,
C'eft en racourci
Ma Philofophie ;
Je bannis la fageffe, & la raifon
C'éft de nôtre vie,
Le Poifon
Je me ris des préceptes du fage
Sans procès, fans femme, & fans menage ;
J'ai la liberté
La tranquilité
J'ai de la fanté
De la gayeté,
Dans mes fens, & ma beatitude
Affranchi de toute inquiétude,
Mon efprit fit toujours fon étude
Des attraits de la volupté.

CHANSON.

Tircis dans l'ardeur qui vous preffe,
N'abufez point de ma foibleffe,
Entendez raifon fur cela,
Cc 2

Badi-

Badinez - - -
Badinez mais reſtez-en là *fin.*

II.

Je ne ſuis point aſſez farouche
Pour refuſer à vôtre bouche,
Tant de baiſers qu'il vous plaira ;
Badinez - - - - *&c.*

III.

Ah ! vôtre main, eſt trop alerte,
Je ſens bien qu'elle me deconcerte,
Faut-il toujours vous dire holas ?
Badinez - - - - *&c.*

IV.

Ce fut en ce mots que liſette
Etant avec Tircis ſeulette,
En ſe defendant s'écria
Badinez - - - - *&c.*

V.

En la jettant deſſus l'herbette
Le Berger la rendit muette,
Et de lui dire, elle oublia,
Badinez - - - - *&c.*

L'Écho

VI.

L'Echo qui ne ſauroit rien taire
Pour ſe moquer de la Bergere,
Plus de cent fois lui repeta,
Badinez - - - - &c.

CHANSON.

UN Abbé dans un coin
   Sur du foin,
Un Abbé dans un coin
Preſſé d'amour extrême,
Se ſoulageoit lui-même,
N'avoit-il pas raiſon ?

II.

Quand Fanchon arriva
   Pour le cas,
Elle lui dit, helas !
Diſſipateur infame,
Tu repends tout mon bien ;
Pour éteindre ma flamme
Il ne reſte plus rien.

III.

Il eſt ma foi parti,
   Lui dit-il,   Comme

Comme un coup de fusil
Mes plaisirs (je vous jure)
La Belle ont été courts,
Pour que le second dure,
J'en use ainsi toujours.

IV.

Mais Fanchon n'entend point
Que ce point,
Convienne à ces besoins,
Je venois à ton aide,
Tu t'es pressé brutal
Je trouve ton remede
Cent fois pis que le mal.

CHANSON.

A La santé de celle que j'adore,
A la santé de celle que je sçai,
Je n'ai rien vû qui la surpasse encore ;
A la santé de celle que j'adore,
A la santé de celle que je sçai.

II.

Faisons venir encore une chopine,
Et puis après nous nous retirerons,

Quoi !

Quoi ! pour si peu vous nous faites la mine ?
Faisons venir encore une chopine,
Et puis après nous nous retirerons.

CHANSON,

Air, près d'un Ruisseau.

CHarmante Iris sans crainte de censure,
Bois quatre coups de ce jus precieux,
  Et je te jure
  Par tes beaux yeux
Que quand la nuit aura voilé les Cieux,
Quatre autres coups finiront l'avanture ;

II.

Quand on a bu jusques à la nuit noire
L'on peut aimer jusques au point du jour,
  Ah ! quelle gloire
  Quand tour-à-tour,
On peut servir, & Bachus, & l'amour,
Sans qu'aucun d'eux remporte la victoire.

III.

Pour quatre coups qu'importe qu'on en glosse
Lorsque j'ai bû de ce jus precieus,
  C'est peu de chose,

Mais

Mais faisons mieux
De vin, d'amour environs nous tous deux,
Ou de chacun du moins doublons la dose.

IV.

Vous ne pouvez ma charmante Pouponne,
Vous contenter à moins de quatre coups ;
Belle Moutonne
Ce nombre est doux,
Mais peu connû de Messieurs les Epoux,
Chez des amans cherchez qui vous le donne.

EPITAPHE.

CI git le Seigneur de Cabats
Qui de sa propre allumelle
Se tua prenant ses ébats
Sur le corps d'une Demoiselle ;
Je ne sçai après son trepas,
En quel endroit son ame alla,
Mais je sçai bien qu'on ne va pas
En Paradise par ce trou là.

CHANSON.

COntentemment vaut bien mieux que ri-
chesse, - - - - *fin.*

Je

Je baiſe Iris, & vuide mon flacon,
Je ſçai mêler dans une aimable yvreſſe
  Les vrais plaiſirs de Bachus, & du con---
    tement, *&c.*

II.

Cupidon met la Reforme à Cythére. *fin.*
  Il met en vogue un plaiſir defendû,
Pour être au fils je renonce à la mére,
  Et je ne veux plus chevaucher qu'en Cu---
    pidon met, *&c.*

III.

Vit on jamais de beauté plus ſevere, *fin.*
  Un ſeul baiſir cauſe vôtre mépris,
Vous ſeriez donc pour toujours en colere
  Si j'oſois vous faire toucher mon vit---
    on jamais, *&c.*

Autre, *même Air.*

COnnoiſſez - vous dans ces lieux une
    fille ? *fin.*
  Qui eſt au deſſus du qu'en dira-t-on,
Malgrè les ſoins qu'on prend dans ſa famille,
  Elle prête à tous ſon joli petit con---oiſſez
    vous, *&c.*

Dd   Vit

II.

Vit on jamais une mére auffi rude *fin.*

A fon humeur le deftin m'affervit,

A me gener Elle met tout fon étude

Pour me priver des doux plaifirs du vit---
on jamais, *&c.*

III.

Fulons enfemble Catin`la vandage, *fin.*

Enivrons nous de ce charmant vin doux

Si mes rivaux le trouvent trop étrange,

Sur le champ je leur repond je m'en fou--
lons, *&c*

IV.

Contre un mére auffi rude auffi fiere, *fin.*

Grand Dieu d'amour prête moi ton brandon

Elle aura beau me tenir prifoniere,

Je trouverai du plaifir dans mon con----
tre une, *&c.*

C H A N S O N.

A Son mari dame Guillemette par la fe-
nêtre parloit,
Le gros Piere
Son Compere

Par

Par derriere

L'enfiloit ;

Voilà comme souvent l'homme je ne sai par
quel effet,

Voit la tête de la bête sans sçavoir ce que le
cul fait,

CHANSON.

Dans un Convent bien heureux
Habitent cinq, ou six freres
Et six Reverendes méres
Qui s'accordent bien entr'eux,
On y fait fort bonne chere,
L'amour est un de leurs voëux
Et le plus secret mystère,
Et de coucher deux-à-deux.

II.

Dans ce Convent si heureux,
Dites nous si ces bon Freres
Ne sont pas devenus Peres,
En accomplissant leurs voëux ?
Si quelqu' ne des Nonnettes,
Pour acroître son troupeau,

N'a

N'a pas fait fur fa couchette
Quelque petit Saint nouveau.

CHANSON.

Trois femmes en échaufant leurs C--*bis.*
Il y eut un Chat aux environs,
Qui en prit un pour un Rat,
Ah le pendart de Chat !
Ce coquin de Chat,
Ce maraud de Chat,
Ce fripon de Chat,
Qui prend un C- - pour un Rat.
II.
Le Chat en publiant le fait --- *bis.*
Dit que le poil de même avoit,
Comme la moûftache d'un Rat,
Ah le méchant pendart de Chat !
Ce coquin de Chat,
Ce maraud de Chat,
Ce fripon de Chat,
Qui prend un C--- pour un Rat.

CHANSON.

UN Prêcheur indigne
Prêchant contre la vigne,
Un Prêcheur indigne
Prêchant contre l'amour ;
Son petit Frere,
Lui dit, mon Pere,
Que peut-on faire
Sans vin le jour,
Et la nuit fans faire l'amour.

II.

Il ne faut pas faire,
Lui repondit le Pere,
Il ne faut pas faire
Tout ce qu'en chaire on dit ;
Quoi qu'on en dife,
C'eft raillerie,
Voici la vie
Des gens d'Eglife,
Bon vin à table,
Des Filles au lit.

CHAN-

CHANSON.

ETre discret,
Amoureux, & sincere
De lors qu'on a sçû plaire,
Et garder le secret
Avoir l'air doux,
De la delicatesse,
Sans paroître jaloux,
L'Esprit bien fait,
Et beaucoup de tendresse,
Iris c'est mon portrait.

Reponse.

ETre jeune, & volage,
Voir tout avec mépris,
Tenir en esclavage
Les cœurs que j'ai conquis,
Rire, & chanter sans cesse,
Et n'aimer rien,
Tircis voilà la mien.

CHANSON.

PRès d'un Ruisseau la charmante Nanette,
Assise au près de Tircis son Amant,

Fit

Fit la folette,

Si tendremment,

Que transporté d'amour en ce moment

Il lui prit son qu'on --- devine le reste;

II.

Dans le transport où se trouva Nanette,

Elle s'écria d'un ton plein de rigueur,

Berger arrête,

Ah ! je me meurs,

Retire-toi, fais treve à ma douleur,

Tu blessez mon qu'-on --- devine le reste;

CHANSON.

UN jour de Saint Antoine
Près de la Merci,

Je rencontrai un Moine

Qui disoit ainsi ;

Eh ! mon Dieu quelles jolies Dames,

Que l'on voit ici !

II.

Dans nôtre solitude

Nous vivrions contents,

Et sans inquietude

Paf-

Paſſerions le tems,
Si chacun de nous autres Moines
En avoit autant.

CHANSON.

QUand on a perdu ce que l'on aime,
On ne doit ſe ſervir que du vin,
Il eſt vrai que le mal eſt extrême,
Mais auſſi le remede eſt certain ;
Quand on a perdu ce que l'on aime,
Il ne faut ſe ſervir que du vin.

CHANSON.

MOn Medecin me dit ſouvent
Que le bon vin me tué
Il me defend abſolument
De voir la Fille nuë ;
S'il faut abandonner le Vin,
Ma Brune, & ma Blonde,
Adieu, mon f---û Medecin,
Je part pour l'autre monde.

CHAN-

CHANSON.

BAchus me dit pour m'engager à boire,
  Qu'il gueriſſoit l'amour & tous ſes ſoins,
Il m'a trompé je ne le veux plus croire,
  J'ai beau trinquer je n'en aime pas moins.

II.

Je fais ſouvent raiſonner ma muſette,
  Qui dit pour moi le ſecret de mon coëur ;
Mais mon Iris ce n'eſt qu'une coquette
  Se moquet, ou rit de toutes mes langueurs.

III.

Elle dit pour tant que mes doits font merveilles
  Et que mes airs ſont remplis de douceur,
Si aujourd'hui je charme ſes oreilles,
  Peut-être un jour je toucherai ſon coëur.

CHANSON.

AH ! Madame Anroux
  Je deviendrai fou,
Si je ne vous baiſe,
Ah ! Madame Anroux
Si je ne vous baiſe,
Je deviendrai fou, - - - *fin.*

Ee   En

En paffant fur un Pont, *bis.*
Le vent leva fa jupe,
Et laiffa voir fon **C---**,
Ah ! Madame Anroux, *&c.*

II.

Une jeune Abbé lui dit, *bis.*
Pretez-le moi Madame
Pour y loger mon **V---t**,
Ah ! Madame Anroux, *&c.*

III.

Revenant de Verfailles,
En paffant par Marli,
J'ai couché fur la paille,
Et pris du mal au **V---t** ;
Ah ! Madame - -- *&c.*

IV.

Une Religieufe
S'étandant fur un lit,
Crie, & fe defefpere,
De n'avoir pas un **V---t**,
Ah ! Madame ---- *&c.*

V.

La petit Fanchon *bis.*
Ne rogne plus fes ongles,

Pour mieux gratter son C---
Ah ! Madame - - - &c.

VI.

Comme après la colére
Il faut pardonner tout,
Pardonné donc ma mére
A celui qui me f---t ;
Ah ! Madame - - - &c.

CHANSON.

NOus sommes des bons vivans,
   Nous faisons bonne figure,
N'ayant point la Galle aux dents,
   C'est de quoi je vous assûre,
Et le moindre d'entre nous,
Boira bien cinq, ou six coups.

II.

Pour moi lorsque j'ai du vin,
   Et que je suis en debauche,
Je ne prend point de chagrin
   Buvant à droite, & à gauche ;
A la santé de Nanon,
De Catin, & Jeanetton.

Bien

III.

Bien eſt ſot qui ne boit pas,
　Car cela rejoüit la vie,
L'Amour ne m'empêche pas
　De mener joyeuſe vie,
Imitant ces bons vivans,
Qui n'ont point la Galle aux dents,

IV.

A quoi ſervent tant d'apas,
　Et n'avoir pas de tendreſſe
Une Belle ne doit pas
　S'excuſer ſur ſa jeuneſſe ;
Du moment qu'on ſçait charmer
On eſt en âge d'aimer.

CHANSON.

OUï dans ce moment
　Je me reſens enfin mon cher Amant,
Le deſtin reſerve à ta tendreſſe
La Maitreſſe qui t'a charmé
Même ardeur l'enflame
Sois aimé.
En vain ta naiſſance

Me

Me fait rougir de mon deſſein ;
Le deſir s'en offence,
Mais l'amour va toujours ſon train ;
Il s'agit bien de nobleſſe
Tu triomphes mon Mignon
Et je vais l'éprouver ſans façon
Je me moque du qu'en dira-t-on.

CHANSON.

SI dans les Miroirs des Maris,
Quoique très-beaux, & très-polis,
On voyoit ce que les favoris
Viennent à faire au logis,
Si chaque fois de deſeſpoir
Ils caſſoient autant de miroirs,
En y voyant l'affront
Imprimé ſur le front,
Bien-tôt au lieu de glace, & de trumeau,
Il faudroit ſe mirer dans l'eau.

CHANSON.

PRenez mon petit bout,
Iris s'il peut vous plaire,

S'il

S'il eſt de vôtre gout,
Il groſſira pour faire
L'amour la nuit, & le jour.

CHANSON.

UN jour le P---e étant aſſis,
    D'une main ſe branloit le V---t
De l'autre tenoit ſon Breviaire
    Un Ca---l paſſant par là
Lui tournant ſon groſs deriere,
    Le Sa---é B---re l'en---à.

CHANSON.

L'Auſtère Philoſophie
    Pour contraindre nos deſirs,
Nous aprend que dans la vie
Il n'eſt point de vrais plaiſirs ;
Je renonce à ce ſyſtéme,
Dieux ! n'en ſoyez point jaloux
Dans les bras de ce que j'aime
Suis-je moins heureux que vous ? *fin.*

II.

Pour quoi m'avez-vous fait naître ;
Avec des ſens ſuperflus

Pour

Pour avoir le plaiſir d'être
Faut-il que je ne ſois plus ?
Je renonce à ce ſyſtéme, &c.

CHANSON.

NOus ſommes de l'Ordre de St. Avertin,
L'Ordre nous ordonne de nous lever
matin,
Pour chanter matines, & vuider le flacon,
Et voilà qui eſt bon,   *bis.*
Et voilà, la vie, la vie, la vie,
Et voilà la vie, que les moines font. *fin.*

II.

A nôtre dejeuné ſauciſſes, & pâté
Des langues fourées, & du beuf ſalé,
L'Andoüille bien blanche, la tranche de jam-
bon,
Et voilà qui eſt bon, &c.

III.

A nôtre diner un Chapon des plus gras,
Qui faſſe la ſoupe comme au Mardi-gras,
La piece tremblante, la queuë de mouton,
Et voilà qui eſt bon, &c.

A

IV.

A nôtre gouter du meilleur Hypocras,
Du bon vin d'Espagne du meilleur Muscat,
Anchois en salade marrons de Lion ;
Et voilà qui est bon, &c.

V.

A nôtre souper Oisseaux des plus petits
Qu'on apelle grives, becasses, & perdrix,
Lapins de garenne sentant la Venaison,
Et voilà qui est bon, &c.

VI.

A nôtre coucher entre deux draps bien blancs,
Une jeune Fille de quinze à seize ans,
La gorge bien blanche, & les têtons tous ronds
Et voilà qui est bon, &c.

CHANSON.

DAns un bosquet près du hameau,
Colin caressoit Isabeau,
   La jeune Bergere
   D'une main severe
   Le repoussoit
Le nomant temeraire,

Et

Et lui juroit

Qu'elle appelleroit ; *fin.*

Et lui juroit, *&c.*

II.

Sa chienne qui voyoit cela

Croyant l'obliger aboya,

La Belle inquiete

Saifit la houlette,

Et l'en frapa

Maudiffant l'indifcrete,

Jugez par-là

Comme Elle appella ; *fin.*

Jugez, *&c.*

CHANSON.

L'Amour à fes loix a deffein
De vous rendre fujette,

Mais faites que ce foit en vain

Que ce Dieu le projette,

N'aimez qu'à chanter

Qu'à rire à fauter,

Liron, liron, lirette. *fin.*

Ff

Craignez

II.

Craignez le poifon feducteur
Caché fous la fleurette,
Sachez que de l'oreille au coëur
Le traite, eft bien-tôt faite ;
   N'aimez qu'à chanter &c.

III.

Les Amants fur tout en ce tems,
Sont de mauvaife emplette ;
Si-tôt que leur coëur eft content
Leur bouche, eft indifcrette ;
   N'aimez &c.

IV.

La fage raifon parle ainfi
Je fuis fon interprete,
Souffrez donc qu'après Elle, ici
Souvent je vous repete ;
   N'aimez qu'à &c.

CHANSON.

Democrite dedans Abdére
Rioit au depens de tous
Philofophe peu fevére

On

On le mit au rang des foux ;
La vertu n'eſt point hypocrite
Malgré ce que le peuple en croit,
Le ſage rit,
Le ſage boit,
Le ſage eſt fou,
Qu'étoit le joyeux Democrite ?

CHANSON. *Vaudeville.*

CAchons à toute la Terre,
S'il ſe peut nos tendres feux
Le ſecret eſt neceſſaire
Dans un Commerce amoureux,
Goutons dans un doux miſtere,
Des plaiſirs dignes des Dieux
Moins ils ſont connus, Bergere,
Plus ils ſont delicieux.

CHANSON, *Menuet.*

AU Dieu d'amour
Nuit, & jour
Philis il faut faire vôtre cour,

Ff 2

Mais

Mais à Venus chanter ce petit *Oremus*,
   Mére des ris, des jeux, des doux foupirs,
   Conferve à mon Amant dans fes plaifirs,
    La foi d'un Chevalier,
    Et la vertu d'un jeune Battclier.

A I R, *d'Opera.*

JE goute un grand bien
   Si je fuis miferable,
Je n'ai nul bien
   Qui ne foit agreable,
Ne defirant rien
   Tout m'eft favorable,
Mon fort delectable
   Fait mon entretien,
Bachus tu peus bien
   Le rendre durable ;
Je goute un grand bien
   Si je fuis miferable.

       Suite.

Je chante le vin
   Je chante Silvie,
Ainfi l'on oublie

Le plus noir chagrin,
Je fais mon deſtin
  D'une douce vie,
Je chante le vin,
  Je chante Silvie.

II.

Que mon ſort eſt beau
  Qu'il eſt digne d'envie !
J'ai du vin nouveau,
  Et jamais m'ennuïe,
Nul ſoin, nul tourment
  Ne troublet ma vie
Mon coëur eſt content
  Ma cave eſt remplie,
Que mon ſort eſt beau
  Qu'il eſt digne d'envie !

CHANSON,

POur me mettre en train,
  Diſoit un jour Catin
D'un air badin,
Berger mets-moi les Armes à la main,

Pour

Pour la satisfaire
Je l'armai d'un verre,
Elle me dit tout bas
Berger tu ne m'entends pas, *fin.*
Pour la satisfaire, *&c.*

II.

J'ai du vin nouveau
Sui-moi dans mon caveau,
Jeune Isabeau,
Qu'il seroit beau
D'y vuider le Tonneau !
Nous fairons merveille
La liqueur Vermeille,
Me donne la vigueur
Qu'exige ta vive ardeur, *fin.*
Nous fairons merveille, *&c.*

CHANSON.

S Oit Bourguignon, soit Champenois, *fin.*
Je donne à tous les deux ma voix
Sans aucun choix,
Soit Bourguignon, *&c.*

Vin Rouge, ou vin gris
Blonde, ou brune Cloris
    Ont leur prix,
Tout eſt bon à mon advis
Pourveu que tout ſoit bien pris ;
    Mais de tous les biens
    Le plus grand, je ſoutiens,
    Que c'eſt celui que je tiens.

CHANSON.

Air, Reveillez-vous belle endormie.

PHilis plus avare que tendre
  Ne gagnant rien à refuſer,
Un jour exigea de Liſandre
  Trente moutons pour un baiſer.

II.

Le lendemain nouvelle affaire
  Pour le Berger le troc fut bon,
Il exigea de ſa Bergere
  Trente baiſers pour un mouton.

III.

Le lendemain Philis plus tendre,
Craignant de moins plaire au Berger,

Fut

Fut trop heureuſe de lui rendre
   Tous ſes moutons pour un baiſer.

IV.

Le lendemain Philis peu ſage
   Voulut donner moutons, & chien,
Pour un baiſer que le Volage
   A Liſette donna pour rien.

FANFARE.

DAns ma façon de faire
   Je trouve ma ſureté,
D'une ſageſſe auſtere
   Je ne fais point vanité,
Iris, & bonné chere
   Une facile ſanté,
Voila tout le miſtere
   Qui mene à la volupté.

RONDEAU.

Marche du Regiment de la Calotte.

TOute la vie
   N'eſt que folie,
Badinons, danſons, chantons, rions des foux,

Boire

Boire fans ceffe, c'eft la fageffe,
Les autres biens ne font rien pour nous ; *fin.*
Le pedant fatigue
Le moine s'intrigue,
Le courtifan brigue,
Le Guerrier qui cherche les Combats
A pour recompenfe
L'indigence,
Au defaut du trepas
Toute la vie, *&c.* - - - - - - *jufqu'à fin.*

II.

Moquons nous des amoureux,
Avec leurs tons douloureux,
Leur air trifte & langoureux ;
Il depend d'eux
De vivre heureux,
Eteignant leurs feux,
Dans ce jus delicieux ;
Chaffons les Bigots
Ce font des Magots
Sans efprit fans bons mots,
Prêchant vie auftere

Gg   Mal

Mal à propos,
Et faifant le contraire,
Tout la vie n'eft que folie, *&c.*

III.

Femmes de Paris,
Aimez vos maris ;
De vos teints fleuris
Prenez foin, c'eft-là vôtre affaire ;
Mettez vos atours,
Montrez-vous au cours
Ne fongez qu'à plaire,
Vous ne plairez pas toujours,
Filez bonnement,
Point d'argument,
Il eft ridicule,
Que contre la Bule,
Femme au beau caquet,
Dans un banquet
Decide net,
Et jafe comme un Peroquet
Sans jamais être au fait.
La Cour eft pleine de fracas

De

De haut de bas,

De trahifon ; on a beau faire

Tel y cherche la grandeur

Que de près touche à fon malheur.

Un Financier dur, & brutal

Comme un cheval,

A fon Valet jadis égal

Le traite mal ;

Près fon trefor

Tout rempli d'or,

Il fe croit defcendu d'Hector ;

Il fait l'amour,

Choifit fa Cour,

Et prend des laquais faits au tour.

Un petit Maître, fâte, & vain,

Vante fon train,

Ses Chevaux-bais leur joli crin,

Son beau plumet, fon galon fin.

Un Abbé qui fait le poupin

Remet l'office au lendemain

Quand fur le bout de l'efcarpin,

Dans la ruelle le matin

Il va d'un air benin ;
Toute la vie
N'eſt que folie,
Badinons, danſons, chantons, rions, des foux,
Boire ſans ceſſe
C'eſt la ſageſſe,
Les autres biens
Ne ſont rien pour nous.

CHANSON.

QUe Bachus, & l'Amour,
 Nous occupent ſans ceſſe
Qui cauſent tour-à-tour
Toute nôtre Allegreſſe,
Exprimons la tendreſſe
De nos cœurs amoureux,
Noyons nôtre triſteſſe
Dans le Nectar des Dieux,

II.

Aux ſoupirs d'un Amant,
Belle Iris ſois moins fiere
Veux tu qu'il ſoit content ?

Sois

Sois auffi plus fincere,
S'il veut fur la fougere
T'exprimer fon tourment,
Ne lui fois point contraire
Dans un fi doux moment;

III.

Avant ce doux plaifir
Rien n'eft fi delectable,
Que de pouvoir jouir
De Bachus à la table,
Dieu ! qu'il eft agreable
De parler à Catin,
De ce jargon aimable
Que nous apprend le vin.

IV.

Contre l'ardeur du vin
J'oppofe ma tendreffe,
Je crus mon feu divin,
D'amour j'en eus promeffe ;
Mais ô mortel adreffe !
Le Traitre m'a menti,
Le choix de ma Maîtreffe
C'eft Bachus qui le fit.

Le

V.

Le Verre en main Doris,
Attaque ma foibleſſe,
Mon coëur bien-tôt fut pris
Par les yeux de l'yvreſſe ;
C'eſt à toi que j'adreſſe
Amour tous mes ſoupirs,
Souffre tu quand tu bleſſes
Partager tes plaiſirs ?

VI.

Mais je prevois enfin,
Quoique je ſoix fidéle
Que ſans le feu divin,
La victoire chancele,
En vain Dorinde eſt Belle
Et porte ton flambeau,
Si le fils de Seméle,
Ne me met ſon bandeau.

CHANSON.

Deſſus le mont Ida, *bis.*
Jupiter autres fois Ganimede enleva,
Quel D - - - !

Quel f---û D--- !
Quel Bo---re eſt cela. *fin.*

II.

Jupiter autres fois   *bis.*
Ganimede enleva,
Jupiter auſſi-tôt un gros V--- lui montra,
Quel D--- ! *&c.*

III.

Jupiter auſſi-tôt   *bis.*
Un gros V--- lui montra,
Ganimede le prit, & puis il lui branla ;
Quel D--- ! *&c.*

IV.

Ganimede le prit,   *bis.*
Et puis il lui branla,
Jupiter ravi d'aiſe, auſſi-tôt l'en--- là ;
Quel D--- ! *&c.*

V.

Des coups qu'il lui donna tout l'Olimpe en
    trembla ;
Quel D--- ! *&c.*

Des

IV.

Des coups qu'il lui donna,   *bis.*
Tout l'Olimpe en trembla ;
Oh grand D--- Jupiter, ne vous emportez pas !
Quel D--- ! *&c.*

VII.

Oh grand D--- Jupiter !   *bis.*
Ne vous emportez pas,
Mais permettez qu'en pais nous fo---ions ici
      bas.
Quel D--- ! *&c.*

CHANSON.

L'On ne peut pas, quoique l'on fasse
S'empécher d'aimer à son tour,
Les poissons tombent dans la nasse
Et les coëurs se *toure, loure, loure,*
Les coëurs se rendent à l'amour.

II.

Dans l'humide sein de l'onde
Cupidon tient auprès sa Cour,
C'est vouloir dépupler le monde,

Que de vous *toure, loure, loure,*
Que de vous defendre l'amour ;

III.

Tout le long de la Riviere
Nos Mariniers vont tour-à-tour,
Me difant belle Batteliere,
Je voudrois *toure, loure, loure,*
Je voudrois te parler d'amour ;

IV.

Je me ris de leur langage,
Et j'en crois maître Nicolas,
C'eft un homme prudent, & fage,
Qui me dit nage, nage,
Nage toujours ne te fies pas ;

V.

Ma fœur je vous felicite
Colin vous fait dejà fa cour,
Mais l'on me trouve trop petite,
Fais moi donc *toure, loure, loure,*
Fais moi donc grandir Dieu d'amour.

VI.

Colin d'un air doux, & tendre
Demande mon cœur chaque jour,

S'il

S'il n'a pas l'efprit de le prendre
Qu'il aille *toure, loure, loure,*
Qu'il aille ailleur faire l'amour ;

VII.

De la morale fevere
Maman m'étourdit nuit, & jour,
Ses leçons ne me plaifent gueres,
Je me fens *toure, loure, loure,*
Je me fens du gout pour l'amour ;

VIII.

Je rend graces à l'orage
Qui me conduit en ce féjour,
J'echape à peine du naufrage
Que je vous *toure, loure, loure,*
Que je vous donne de l'amour ;

CHANSON.
Air des Fanatiques.

Quoi ! pafferai-je en vains foupirs,
Les plus beaux jours de ma vie ?
Venez remplir les defirs
De mon âme attendrie
Reveillez-vous doux plaifirs,
Ma fageffe eft endormie ;

Quel

II.

Quel chagrin d'avoir un Berger
Qui n'ôſe rien entreprendre,
On voudroit tout accorder
Mais un peu ſe defendre,
Ah ! qu'il eſt facheux d'aimer
Qui ne ſçai pas le comprendre ;

III.

Quand une Belle à vôtre ardeur
Refuſe de ſe rendre,
Ce n'eſt pas à ſa rigueur,
Qu'il faut toujours s'en prendre,
Elle a plus bas que le coëur
Des raiſons pour s'en defendre.

IV.

Je ſens un demangeaiſon,
Qui cauſe tout mon martire,
J'ai beau me grater le C---
Toujours mon mal empire,
Je voudrois, jarnicoton,
Ce que je n'ôſerois dire ;

CHAN-

CHANSON.

POur unir Bachus, & l'amour,
   Je mis en perce l'autre jour,
Mon Mui, & ma Climene,
Mais quel embarras !
Quelle peine !
Mon mui est vuide, helas !
Et ma Maîtresse est pleine.

EPITAPHE.

CY gît un Sergent cocu,
   Don la femme par coûtume,
Fit plus d'exploits avec le C---l
Que lui n'en fit avec la plume.

SONET.

UNe Dame grondoit sa servante accusée
   D'avoir fait au logis ce qu'on fait de
     la l'eau ;
Vien ça nomme le moi pauvre fille abusée
Le méchant qui chez nous ôsa faire un bor-
deau.
C'est vôtre Marechal Madame ; oh la rusée !
Com-

Combien as-tu de fois remanché son marteau
Il me le fit six coups en filant ma fusée,
Encore vouloit-il lever mon devanteau.
Six coups, ce dit la Dame en extase ravie !
Une femme d'honneur s'en feroit bien servie ;
Oste toi, ta presence irrite mon couroux.
La laide, la souillonne, infame, impertinente,
C'est bien à telle gueuse à le faire six coups,
Je m'y passerois bien, moi qui suis Presidente.

CHANSON.

ON dit qu'un jour une Ursuline
Le diroit-on d'une Beguine !
Fit entrer dans sa cuisine
Un beau gros Moine à chapeau gris,
Le diroit-on d'une Beguine !
Qui ne le seroit à ce prix ?

II.

Fit entrer dedans sa cuisine
Le diroit-on d'une Beguine !
Elle lui fit si bonne mine
Que le bon Moine en fut épris,
Le diroit-on d'une--- &c.

Elle

III.

Elle lui fit fi bonne mine,
Le diroit-on d'une Beguine !
Qu'il jetta bas fa mantelline
Et mit tous fes voeux en oubli
Le diroit-on d'une---- *&c.*

IV.

Qu'il jetta bas fa mantelline
Le diroit-on d'une Beguine !
Et lui fit voir fa difcipline
Que fa Nonnette auffi-tôt prit,
Le diroit-on d'une---- *&c.*

V.

Et lui fit voir fa difcipline
Le diroit-on d'une Beguine !
Elle la prend, & la Patine
Et jufqu'au lit s'en divertit,
Le diroit-on d'une--- *&c.*

VI.

Elle le prend, & la Patine
Le diroit-on d'une Beguine !
Et pendant qu'on fonnoit matines

Nos bonnes gens fonnoient auffi,
Le diroit-on d'une ---- &c.

VII.

Et pendant qu'on fonnoit matines
Le diroit-on d'une Beguine !
Elle faifoit à la Sourdine
Ce qu'on faifoit quand on la fit,
Le diroit-on d'une Beguine !
Qui ne le feroit à ce prix ?

CHANSON.

SI je vous aime Jeanneton,
Le trouverez-vous étrange
Vous-avez l'humeur d'un mouton
Qui charmeroit un Ange.
Le double menton,
Les fermes tétons,
La motte du C---
Plus ferme qu'une Orange.

CHANSON.

IL étoit un Maffon,
Ma turlurette luron,

Qui

Qui prit femme fans C--n, Perette,
Oh ! ma turluron lurette,
Oh ! ma turluron *fin.*

II.

Qui prit femme fans C--n
Ma turlurette luron,
Par où la f--- a-t-on? Perette,
   Oh ! ma turluron, *&c.*

III.

Par où la f--- a-t-on ?
Ma turlurette luron
Au Chirurgien la menerons, Perette,
Oh ! ma turluron, *&c.*

IV.

Au Chirurgien la menerons,
Ma turlurette luron,
Pour qu'il lui faffe un C---n, Perette,
Oh ! ma turluron, *&c.*

V.

Pour qu'il lui faffe un C---n,
Ma turlurette luron,
Que lui donnera-t-on, Perette,
Oh ! ma turluron, *&c.*

Que

VI.

Que lui donnera-t-on ?
Ma turlurette luron
Du Boeuf, ou du mouton, Perette,
Oh ! ma turluron,

VII.

Du Boeuf ou du Mouton
Ma turlurette luron,
Ce n'eſt pas viande à C---n, Perette,
Oh ! ma turluron, *&c.*

VIII.

Ce n'eſt pas viande à C---n,
Ma turlurette luron,
Un V---t d'un pied de long, Perette,
Oh l ma turluron, *&c.*

IX.

Un V---t d'un pied de long,
Ma turlurette luron,
C'eſt la vrai viande à C---n, Perette,
Oh ! ma turluron, *&c.*

X.

C'eſt la vraie viande à C---n
Ma turlurette luron,

Ii

Avec

Avec ſes deux C---ons, Perette,
Oh ! ma turluron, &c.

CHANSON,

ALlons à la guerre,
N'y allons pas,
Une femme par terre
C'eſt un Con-bas,
Vit au Con-bas, Soldats, vit au Con-bas.

CHANSON.

L'Email brillant des fleurs, ces fruits, ces
  arbres verds.
Ces eaux dont les efforts font violence aux
  Airs,
A vos amuſements ne doivent pas ſuffire ;
Oubliez un moment ſes frivoles objects
Pour écouter ce que l'amour inſpire ;
Et vous pourrez ſentir des plaiſirs plus parfaits,
Sur ce jeune gazon hardez-vous Silvie,
De ſoulager le mal dont je me plains
Un tendre amant vous y convie
De la part du Dieu des jardins.

CHAN-

CHANSON.

Vous êtes un f---u gueu
   Un membre de Galere,
Bou---re tu ne bandes plus,
   Et tu ne fo---es gueres,
Quand une jolie fille
   Vous prefente fon cas,
Tu baiffes la bequille
Du Pere Barnabas.

CHANSON.

Ca que je te mette
  Petite Brunette,
Ca que je te mette
Le verre à la main ;
L'amour, fans le vin,
La gloire eft imparfaite,
Ca que je te mette
Le verre à la main ;

      II.
N'aurai-je autre chofe
Dont ma main difpofe,

N'au-

N'aurai-je autre chofe
Qu'un verre à la main,
Fais en, cher Colin,
Une metamorphofe,
N'aurai-je autre chofe
Qu'un verre à la main ;

III.

Tandis que je dreffe
Pour toi ma Déefe,
Tandis que je dreffe,
Pour toi des Autels
De mépris cruels,
Tu payes ma tendreffe
Tandis que je dreffe
Pour toi des Autels.

IV.

Laiffe moi te faire
Petite Bergere,
Laiffe-moi te faire
L'aveu de mes feux ;
A mes tendres voëux
Montre toi moin févére,

Laiffe-

Laisse-moi te faire
L'aveu de mes feux.

CHANSON.

NOtre bon Cardinal
     Pour donner un place,
De Fermier General,
   Et diablemment tenace ;
Mais il en promet mille
   A quiconque pourra,
Lui rendre la bequille,
   Du Pere Barnabas.

CHANSON.

IRis je t'aime à la fureur,
 Je fuis fou- tu t'en moques,
Je fuis fou- tu--- *bis.*
Je fuis fou- tu t'en moques.

CHANSON.

LA Fille qui caufet nos pleurs
 Eft morte des pâles couleurs,
Au plus belle âge de fa vie ;

Pauvre

Pauvre Fille que je te plains
De mourir d'une maladie,
Dont il eft tant de medecins.

CHANSON.

SI quand je fus baiffer Nanette
On m'eut donné du pied au Cu,
J'aurois de refte mon Ecu,
Et mon affaire feroit nette ;
Et je n'aurois pas le chagrin
De mettre de l'eau dans mon vin.

CHANSON.

MArs, & l'amour fort vaillemment,
Vont au combat differemment,
Mars la tête baifée--- Eh bien,
L'amour tête levée--- Vous m'entendez bien.

II.

Quand ils reviennent du Combat
Ils font en different état,
Mars la tête levée--- Eh bien,
L'Amour tête baiffée-- Vous m'entendez bien.

Autre,

Autre, *même Air.*

J'Aime la taille de Fanchon,
 Ses yeux, fa bouche, auffi fon pied,
Je ne dis pas la rime --- Eh bien,
Car fans que je m'exprime--- Vous m'enten-
  dez bien.

CHANSON.

F---re des Heros de la Fable,
 Ils n'ont rien fait de remarquable,
Lot, & Noe les ont vaincus,
Priape a-t-il f---u fes filles ?
Et Bachus a-t-il jamais bû,
Jufqu'à montrer fes triquebilles ?

CHANSON.

LE Parti des bon Catholiques,
 Boit à vous autres Heretiques,
Mes chers amis prenons du vin,
Et pour que perfonne n'échape
Vous direz f---re de Calvin,
Moi je dirai f---re du Pape.

CHAN-

CHANSON.

Quoi ! tu dis que je ne vaux rien,
    Que je ne vis comme un Chien,
Ne le fai-je pas bien ?
Le matin tu fais la farce,
    Le reſt du jour tu bois,
    Et la nuit près de ta Garce.
    Tu te tiens coi,
Dis moi Jeanf---re qui eſt-tu toi ?

CHANSON.

Air de Joconde.

Si j'étois le Berger Paris
Ce ſoir à cette table,
Qu'il me falut donner le prix
A la plus adorable,
Sans conſulter l'avis des Dieux,
Ni le conſeil des Hommes
A celle qui boiroit le mieux,
Je donnerois la Pomme.

CHAH-

CHANSON.

L A jeune Lisette
Est si Coquette,
Qu'un fidel amant
Craint toujours son changement,
Fut Elle infidelle
Elle est trop Belle,
Pour pouvoir jamais
Renoncer à ces attraits ;
C'est une folie je le sçai bien,
Mais je ne sçai rien de si doux
Dans la vie.

II.

Colin qui m'engage
Est si volage,
Que de l'arrêter
Mon cœur n'ôse se flater ;
Ah ! qu'il est aimable
Fut il coupable,
Il m'a sçu charmer
Mon destin est de l'aimer,

Kk

C'est

C'eſt une folie, je le ſçai bien ;
Mais je ne ſçai rien de ſi doux
Dans la vie.

CHANSON.

LA Raiſon voyageant un jour
Trouva dans l'Iſle de Cythere
Mille beautés dignes de plaire,
Et pour habiter ſe ſéjour
Elle fut s'offrir à l'Amour. *bis.*

II.

Mais Venus lui dit ; la Folie
Ici regne en toute ſaiſon,
Et conduit mon fils Cupidon ;
Retournez dans vôtre Patrie
L'Amour ne veut point de raiſon. *bis.*

CHANSON.

SI la jeune Iris a pour moi de mépris,
Ne trouve dans mes feux rien de doux ni
d'aimable,
Je lui dirois Iris
Avec vos mépris,

Allez-

Allez-vous-en au Diable
Chacun vaut ici son prix.

CHANSON.

ET pour quoi donc dessus l'herbette ?
Et pour quoi donc me chifonner ?
Colin repond sans s'étonner,
Vous le sçaurez Lisette,
Je fais cela pour vous donner
Preuve d'amour parfaite, lan, la
Preuve d'amour parfaite.

CHANSON.

QUe Rome contre moi tonne
Que Geneve en fasse autant,
Que la France me Dragonne,
Cela m'est indifferent,
Je ne suis point Janseniste,
Calviniste, ni Romain,
Mais je suis bon Quietiste
Quand je tien le verre en main.

CHAN-

CHANSON.

VOus qui charmez de mes Chanſons,
   Les achetez en foule,
Prenez garde à ces beaux garçons
   Qui courtiſent vos poules ;
Si la vôtre eſt trop enfermée
   La faridondaine, la faridondon,
Quel ſera vôtre ſort, Mari, Beribi ?
   A la façon de Barbari mon ami.

II.

Car l'Epouſe dont le Mari,
   A l'humeur incommode,
Trouve bien-tôt un Favori
   Qui le Coëffe à la mode ;
Profitez donc de mes Chanſons,
   La faridondaine, la faridondon ;
Et permettez que je m'aréte ici Beribi,
   A la façon de Barbari mon ami.

F I N.